Gisela Steineckert

Langsame Entfernung

Gedanken, Gedichte und Voraussichten

neues leben

Ich habe mein letztes Stück Grün auf der Erde gesehen, betreten und wieder verlassen ...

Dabei bin ich weder ärmer noch reicher geworden – aber ich habe eine kostbare Erfahrung gemacht: Es gab Augenblicke, da kam es nur noch darauf an, ob ich atmen wollte. Ich war nicht allein und wusste das. Mehr kann niemand für mich tun.

Wir wollten, dass nichts geschieht
wonach das Leben nicht weitergeht
nie nur Eid und Spruch
bei aller Angst
um den Weltenbruch
Ich lag unter dir
dein Schatten reicht über mich hin
du hältst mich fest
das Leben ist vielleicht
nur noch ein bunter Rest
aber solang ich dich als Erinnerung hab
bleibst du der beste Baum
unter dem ich jemals lag

Inhaltsverzeichnis

Zum Beispiel deins und meins

Das Leben ist etwas ungemein Persönliches, und jedes gibt es wie jeden Menschen nur ein einziges Mal. Die Versuche, Typisches für die Zeit des Lebendigseins zu verallgemeinern, misslingen meist. Das weiß der Zahn nicht, der hat seine Zeit, dann lockert er die Beziehungen, lässt los, sich ersetzen, er hinterlässt eine Lücke, eine Erinnerung an seine Vollkommenheit. Aber unersetzbar ist er eben nicht. Das Gehirn, unser blödes, versagendes, unerbittlich tüchtiges, das Gehirn ist vom ersten Tag an einzigartig eigenartig. Was es bewahren will, trägt es durch die Stürme des Lebens, hütet es, manchmal mit Umhäutungen, die sich brauchen lassen. Aber immer ein Schrein, ein Prahlhänschen, das durch Glas, durch Scheiben, schimmern lässt, was vergänglich oder ein Schatz ist. Über das Herz können uns die Ärzte etwas mitteilen, aber das sagt uns eigentlich nichts, oder vorschnell zu viel, oder das Wichtigste zu spät, oder alles im falschen Augenblick.

Guck dir deine Hände an. Untätig liegen sie im Schoß, oft auch dann, wenn sie sich hätten rühren sollen, sich ballen, aneinander klatschen, sich heben, weit über den Kopf. Streichelnde die, sanfte Beruhigende, starke Beispringende, manchmal verzweiflungsvoll zu viel ausplaudernd, wo das unterbrechende Wort fehlte.

Müde Augen, noch nicht unterrichtete, den Unterschied nicht wahrnehmende, verweilende mit dem Blick auf Gewesenes und auf das, was kommt, sich schließend vor dem Beweis der Verlierbarkeit. Diese Augen, nachblickende, die nichts sehen können, was kein Bild ergibt: Wer zwingt euch, ein Spiegel zu sein, der keinen Abflug aufhalten kann? »Verweile doch, du bist so schön«: Leben, neuer Versuch, Lehre, vielleicht doch Bereicherung und nicht nur Zeichen von Verlust.

Was ist denn dies, das Leben, wenn es nur dein eigenes ist, nur deine Stillung von Hunger und Durst, dein Ende von etwas, dein Neubeginn, deine Fortpflanzung, deine Angst vor dem letzten Augenblick. He, sagen deine Anlagen, sagt deine Erfahrung, rufen deine unbedienten Triebe, gemeint sind die ungenutzten Chancen, es gibt dich noch. Ich kann, was ich nie konnte? Gut, das denke ich nicht zum ersten Mal. Warum? Weil ich jetzt die Zeit dazu habe. Ist dir die ungesunde Eile nie aufgefallen?

Immer eilig, habe ich zu vieles mit *schnick schnack schnuck* entschieden. Auch das, was Bedächtigkeit gebraucht hätte. Die habe ich nicht, aber ich kann sie mir holen, könnte sie aufbringen, aus der verwundenen und aus der beseligenden Erfahrung. Bunt genug, um alles abzudecken, was den Augen sonst allzu erkennbar wäre.

Das geht jedem so. Da bin ich nichts Besonderes. Aber auch ich bin doch auf die Welt gekommen, um sie zu bereichern, vielleicht sogar zu befrieden. Ich erinnere mich des Gefühls, als ich inmitten sehr unterschiedlicher Äußerer von Meinungen in mir einen Gedanken entdeckte, der passte nicht hinein und nicht dazu. Ich kannte den Augenblick der absoluten Trauer noch ebenso wenig wie den der vollkommenen Übereinstimmung, den man Glück nennt oder mit einem anderen übertreibenden Namen belegt. Ich war noch nicht so weit, ich musste erst einmal allein denken, für mich, und dann weiter, für alle. Widerspruch lag ganz vorn auf der vorlauten

Zunge, recht zu behalten war wichtiger als teilzuhaben an einem noch nicht erkannten Ergebnis. Ich mag mich nicht besonders, wenn ich mich erinnere, dass ich mit schneller Zunge anderen Frauen das Wort abgeschnitten habe, wenn sie scheinbar so dumm dastanden, wie ich mir hinterher vorkam. »... und dann hat sie gesagt ...«, da gibt es Anekdoten, die hoffentlich nicht bis zur Urenkelin gelangen.

Und nun, heute?

Der Spiegel sagt mir einen Teil der Wahrheit, eigentlich kaum Neues. Was ich sehe, ist ja nicht über Nacht entstanden, wie man so sagt. Über Nacht schlohweiß geworden, das hab ich als Kind oft gehört und nie gesehen, und eigentlich glaube ich auch nicht daran. Ja, du bist abgegriffen, welk, du hast ein zerknittertes Herz, manchmal ein nass geheultes Taschentuch, darin sind auch Erinnerungen, geschnäuzte Erinnerungen – vor dem Papierkorb bewahrt, in den sie eigentlich gehörten. Dem Papierkorb, den dir dein Leben hinhält. Vorschnell entleert?

Aber du bist damals nicht hingerannt, als sich, scheinbar! die Gelegenheit bot, ohne eigenes Zutun alle Chancen auf einmal sehen zu können, vielleicht sogar zu haben, sie waren zum Anfassen nahe. Das Preisschild ziemlich verwischt, kein Wunder! Vielleicht doch, Wunder soll es ja geben. Anderen ist es doch gelungen, den Zipfel zu erwischen – und er war es, vielleicht, mit dem die Tür aufzureißen war, hinter der alles steckte, wofür sich das Leben lohnte. Hinter dir könnten Aufhaltungen, durch deinen unzulänglichen Charakter verursacht, verschwinden – wie eine Wolke am sommerlichen Himmel. Ganz leicht und so, als hätte deine Vergangenheit nichts mit dir zu tun. So sollte sie abgelegt werden, mit Zensuren unterschrieben, wie in der Schule damals. Vielleicht mit »ungenügend«, vielleicht auch mit dem obrigkeitlichen Vermerk »Thema verfehlt«. Da war dein Weg gemeint, auf den du gestellt worden bist. Oder? Bist du ihn gegangen, erst mal los, mit zögerndem ersten Schritt, zunehmend bewusster, du, dein Fuß, dein Gehirn, dein Weg?

Wie du jetzt bist, dieser Mensch, so bist du geworden, und jeder Vergleich hinkt. Die Summe stimmt nicht? Wie sollte sie!

Es ist vieles noch möglich. Du kannst noch etwas abstellen, etwas beginnen. Nicht alles, nein. Damals? War da mehr, sogar alles möglich?

Es gab Kreuzungen, von dort aus hattest du die Wahl. Du konntest alles, was dir vorher wichtig war, öffentlich verfluchen. Das hätte dir Türen geöffnet: du brauchtest nur vorzubringen, dass du für nichts konntest, schon immer gegen alles gewesen bist. Dass du abgehalten, gestraft, gehindert wurdest, dein wahres Leben zu wählen. Du hättest sagen können, dass du jetzt erst angekommen bist in deinem immer erträumten Sein.

Warum hast du das nicht gemacht? Warum hast du genauer hingeguckt und die eben zu freudigem Winken erhobene Hand wieder gesenkt, sogar mit Stirnrunzeln, ein bisschen beschämt wegen Übereifer, der ja gar nicht zum Zug gekommen war. Du hast nur gedacht! – und dafür bist du zu rühmen. Hingeguckt und gedacht. Und etwas verstanden, was sich beim nächsten Versuch als wichtig erwies.

Was du verlachen oder verteufeln solltest, hatte es so nicht verdient. Auch von dir nicht, und was du bejubeln solltest, brauchte sein ehrliches Wort von dir, über dein Leben. In all dem, was du allein oder mit anderen zusammen versucht hast, steckte ein bisschen mehr Mühe, als für dich allein nötig war.

Ich habe dich einmal in der Menge gesehen, im richtigen Moment, an wichtigem Platz, mit dem nötigen Aufwand, der festen Haltung und einem Risiko. Du konntest da über Abwesenheit oder Einsatz entscheiden. Es hat kaum was gebracht, hast du gesagt. Und dann noch einen Satz darüber, dass die Welt sowieso am Abgrund trudelt. Und dass wir eben nichts machen können. Egal! Du lebst. Was das ist? Nicht genug. Aber du bist einzigartig und mach bitte daraus keine einseitige Forderung an alle andern.

Leise sein und die Stimme erheben / Wie am Ende / und wieder / Eine Seite vom Ich erleben / Sich zwischen Anfang und Mitte / An vorläufige Enden begeben / Und zwischen Aufschrei, Heulen und Lachen / Das Eigene irgendwie machen und leben.

Einmal nicht wie immer

Den schönsten Augenblick meines Lebens, an den würde ich mich gern lebhaft erinnern, möchte mich mit mir selber gern auf ihn einigen.

Der Wunsch ist ein Kind der Nacht. Wenn die Alltagssorge ein grimmiges Haupt erheben will, dann sucht die Seele eine Vorstellung, der man sich getrost aussetzen kann. Manches muss ich nicht versuchen. Wohin ich noch reisen möchte? Nirgendhin.

Aber ihr hattet doch mal eine Vorstellung von Postschiffen und Fjorden. Damals, als es für euch noch kaum möglich war, dorthin zu reisen. Da hast du doch gelacht und an dein Buch über Skandinavien erinnert, das viele Auflagen hatte, obwohl du nie in Skandinavien gewesen bist.

Stimmt, das war eine der Geschichten aus der DDR, und sie soll auch dort bleiben.

Ich wollte doch nie wirklich mit einem Postschiff unterwegs sein und schon gar nicht um die Fjorde fahren. Es war ein Liebesgedanke für den anderen und meine Zustimmung für einen unterstellten Wunsch. Er hat an den damals auch keinen weiteren Gedanken verschwendet.

Wenn ich reich wäre, wie würde ich dann leben wollen? Wer wird das nicht gefragt? Reiche Leute, aber zu denen gehören wir nicht.

Welches Haus, welches Auto, welche Landschaft, welche Sicherheiten?

Sind das Träume? Nicht meine! Unseren Kindern, unseren, egal, wer sie gezeugt, wer sie geboren hat, zwei warme Hände voller guter, manchmal sorgfältig überlegter Hilfe, unverzichtbarer Teil unseres Wohlfühlens, die halten wir immer offen.

Wäre es ein schöner Augenblick des Lebens, nicht mehr für den Unterhalt arbeiten zu müssen, nicht mehr zu prüfen, ob sich von der hohen Kante nicht doch noch was abzweigen lässt, weil es gerade woanders gebraucht wird?

Bei dieser Frage stellt sich kein Gefühl ein, außer einem leichten Unbehagen. Mehr Bücher, als ich mir jetzt leiste, wenn ich mir als Belohnung etwas Gutes tun will, könnte ich nicht lesen. Ich hätte nicht die Zeit, in der Fülle zu grabschen, statt mit Lust zu wählen.

Es ist mir egal, mit welchem Auto ich ans Ziel gefahren werde, am liebsten zur Arbeit, die fast immer wohltuende Begegnungen mit anderen Menschen bringt. Mein erstes Auto war ein P70, danach fuhr ich mit einem Trabant, das würde ich heute lieber nicht tun, weil er zu wenig Sicherheit bot. Da helfen auch keine hübschen Erinnerungen an solche Erlebnisse, die mit einer Gefahr endeten. Ich habe überlebt, als mich ein übermüdeter Soldat, der die deutlichen Stoppzeichen übersehen hatte, auf der Kreuzung mit seinem Jeep rammte. Es gab im Trabant keine sichernden Gurte, wir mussten uns also überschlagen. Es gab auch keinen Feuerlöscher, das war eigentlich strafbar. Außer, man hatte eine Bescheinigung, dass es derzeit keine zu kaufen gab. Dann kriegte man kein Strafmandat. Gekränkt hat mich nur, dass die Polizei mir eine Strafanzeige gegen den total überforderten jungen Fahrer einreden wollte.

Die Armee wollte, dass ich die Trümmer privat irgendwie nach Berlin befördern solle.

Nach einem Brief von mir an den zuständigen Minister, in dem mehr Sorge über den Zustand des jungen Soldaten zu lesen war als über das verlorene Auto, kümmerten sich Kundige tadellos um Beseitigung der Trümmer.

Unter meinen Lieben befinden sich Fußball-Fans und Autofreaks. Ein neues Auto, das ich mir kaum leisten kann, erfreut mich nicht mehr als der endlich wieder gefundene »Zarter«, mit dem man die Eiweiß-Verbindungen im Bratfleisch unterbrechen kann, so dass unsere Koteletts nun auf der Zunge schmelzen, oder das könnten, was auch Quatsch ist und sowieso nicht stimmt.

Wenn ich koche, bin ich lobsüchtig. Aber Wilhelm war der weitaus bessere Koch und hat uns alle seine kostbaren Rezepte aufgeschrieben. Die nutzen wir bei Karpfen, Gans und köstlicher Gemüsesuppe.

Mein Leben könnte sich durch mehr Geld nicht verändern. Ich würde in unserer Wohnung bleiben, trotzdem Süßstoff statt Zucker in den Tee tun und freundliche Menschen gern zum Essen bei uns oder in dieselben Restaurants einladen, auf deren Koch man sich verlassen kann.

Meine Klamotten im Schrank könnten gelegentlich durch eine Bluse bereichert werden, aber nötig ist das auch nicht, solange es genügend Teile gibt, die ich lange nicht getragen habe, obwohl sie mir heute besser passen als früher.

Ich kenne den Burschen Schmalhans und erinnere mich, allein erziehend und allein zuständig, dass er mir sehr nüchtern auf die Beine geholfen hat.

Wahr ist aber auch, dass ich nie lange auf der Stelle stehen blieb. Unterwegs wuchs die Lust am Weiterdenken. Bis heute? Ja, mit kurzen Unterbrechungen, manche davon sind unverschuldet. Nicht alle!

Ich weiß es noch

Es war nie im Schlaf, weil er den nie störte. Es war nie im unpassenden Augenblick, weil er den mehr fürchtete als ich.

Es war nie mit hungrigem Magen, da kochte er lieber, nachts sogar, im Morgengrauen hatte er eine Idee, und nicht nur für uns, er konnte seine Bereitschaft für spontane Großartigkeit viel später gut gebrauchen. Da lag ich mit der Enkelin in seinem großen Bett, und er nahm nebenan mit meinem kürzeren vorlieb, die langen Beine ein Stück in der Luft, aber ehe er Ruhe fand, öffnete er noch einmal unsere Tür – was für ein überraschend langer Kellner – und es gab eine Nachfrage wegen eventueller Genüsse zur Nacht. Die gab es, und ganz treuherzig meinte das Stimmchen neben mir: »Pommfriets, darauf hätte ich Appetit.« Der Mann ging in die Küche, holte seinen Spezialtopf aus dem Schrank und servierte schließlich einen großen Teller mit den gewünschten knusprigen Teilchen, etwa eine Dreiviertelstunde nach der Bestellung. Es blieb kein Krümel übrig. Die beiden waren verbündete Kumpel, und schon als kleines Mädchen stellte sie ihm alle besonderen Fragen und holte sich seine Antwort.

Über manchen Dialog lachen wir bis heute, anderes gehört nun zu unserer Art, miteinander umzugehen. Wahrscheinlich entstehen Bräuche in anderen Familien genauso.

Es ist mir nie aufgefallen, wie oft ich das sage, wenn jemand von draußen reinkommt, »Atme erst mal aus ...«, das sage ich auch zu mir selber, wenn es wieder einmal hastig zugeht – obwohl ich gerade in der Familie die ausgleichende Ruhe liebe und immer möchte, dass sie jeder im Raum findet. Ich lasse keinen seine Schuhe ausziehen, unterstelle nicht, wie es dem Besucher grade geht oder was er von uns will. Das findet sich schon. Ich bin auch keine, die zur Überraschung aller plötzlich den Mantel vom Haken reißt, um auf der Stelle etwas in Gang zu setzen, für das es morgen zu spät wäre.

Es war nicht alles so einfach wie die Gefühle. Seine Herkunft stand auf einem ganz anderen Blatt als meine, die bis heute nicht einmal klar nachweisbar ist. Das wird sich nun auch nicht mehr ändern.

Er kam aus einer »Familie«, hoch angesehen. Jedenfalls bis die Nazis kamen. Ich stand dort beim ersten Mal wie in einem fremden Salon, in dem man sich kaum hinzusetzen traut.

Seine Mutter war ein Engel für die Kinder. Es ist nicht allen gleich gut bekommen. Mancher kam sein Leben lang nicht zu sich selber. Auf Wilhelm traf das nicht zu.

»Der als dein Mann, der war ein Felsen«, sagen mir Frauen, die sich an dich erinnern. Du, immer neben mir, vor einer Veranstaltung vorher noch die Autos der Frauen umparkend, du mit den aufmerksamen Ohren für die Probleme, vorsichtig ratend, manchmal sehr kräftig empfehlend, sobald von einem egoistischen Ehemann die Rede war. Da waren oft Probleme über Jahrzehnte herangewachsen. Die waren nicht am gleichen Abend zu lösen.

»Weck ihnen den Gedanken an die Möglichkeit, aber verlange nicht Eile.«

Du hast ihnen geholfen, und mir auch. Dein Respekt und dein erstaunliches Erinnern, so wie deine unermüdliche Bereitschaft, Leuten aus der Patsche zu helfen, das alles musste unbedankt bleiben und ist nie zu vergessen.

»Auf ihn konnte man sich verlassen.« Das höre ich bis heute.

Und manchmal tut es immer noch weh, weil es nicht immer nötig gewesen wäre – und als uns andere Glocken aufgehängt wurden, gab es auch Versuche, dir unlautere Motive zu unterstellen. Wenige, auch wenn ich jetzt von Bedeutungen reden möchte – aber das wäre ungerecht.

Laura hat ihm seine Hilfe nie vergessen, es ihm vergolten, als er hilflos war und jeden von uns brauchte.

Wem danke ich das eine wie das andere? Damit habe ich noch zu tun.

Es war nicht, als das Telefon neben uns schrillte. Er nahm den Hörer ab und wandte sich mir wieder zu.

Es war, als wir über Politik sprachen. Er wollte in die Badewanne, stand aber nackt an meinem Fenster, deutete in die Windrichtungen, ließ mich kaum zu Wort kommen, und ich sah das siebte Mal mit Brille und zerzaust von meinem Buch hoch, ohne Lust auf ein Gespräch, ohne Kraft, es abzubrechen – da war es, da wusste ich, wie weit ein solcher Weg ist, welche Ungeheuerlichkeit, sich so Fleisch an Fleisch zu durchdringen und wieder voneinander zu lösen, für die Strecke Einzelwesen ohne Schutz in der Umarmung des anderen, dem du wichtig bist.

Du warst klug, wenn von einem Unterdrücker die Rede war. Das wurde mir immer berichtet, und es war daran nichts auszusetzen. Einziger Einwand von mir: was da zuhause bei denen abläuft, ist so leicht nicht zu verändern. Das haben sich schließlich zwei Erwachsene so eingerichtet und geduldet.

Wir Menschen sind ohne Pelz, ohne Stachel und Stoß-
zahn, ohne Giftdrüse und Stampfbein; jede Biene hat
feinere Sinne, die Fledermaus erst. Wenn du es mir nicht
sagst, wo denn finde ich dich ...

... da war es, dass einer so dasteht an meinem Fenster, wehrlos mir ausgesetzt, ohne Begierde, und schiebt
das Wannenbad noch mal auf, um mich zu überreden,
etwas zu sehen, wie er es sieht und bald selber nicht
mehr sehen kann –

... da war es, dass ich verstand, wir schmeißen das Urteil zu, mit unserem Alltagskäse, wir achten es nicht wie
eine Altardecke, und es ist doch, was uns zurücklässt,
uns übersteigt – was besser ist als alles andere – dass einer dasteht, nackig und redet trotz allem, was war – und
so, dass alles sein kann und sein wird, sieht mich an, eh
er in die Wanne steigt, und es war nicht, als sich seine
Finger in das vorteilhaft weiche Fleisch meiner Schulter
gruben – als er das lange Warten mit fast wütender Vehe-
menz vergalt – es war auch nicht, als er seine Niederlage
vom Nachmittag noch vor dem Abendessen in einen Sieg
über meine Bedenken verwandeln wollte –

... es war auch ein anderes Mal nicht, als er spürte,
dass wir uns nicht lieben und sich alle benötigten Teile
in ungelenke Knochen und wenig hilfreiche Säfte ver-
wandelten und der Zauberklang in prosaische Geräu-
sche ...

... als ich mich zurückzog in eine geräumige Höhle
meiner Seele, die mir bis dahin unbekannt schien, obwohl niemand außer mir sie eingerichtet haben konnte –

... als uns Reue und Zärtlichkeit bewegungslos machten und seine Tränen fielen auf die meinen, weil wir uns,
eben verloren, wieder fanden, und hatten es eigentlich
nicht verdient ...

Es war nicht, als ich ihm unwillig nachgab, weil wir so weit gegangen waren, warum eigentlich, und lieber ließ ich es zu und mich kränken, als Wirkung zu verursachen, die ich weit überschätzte – ja, das mag sein. Aber ich wollte nicht Schmerzen herbeirufen, die ich noch nicht genügend kannte und die sich umdeuten ließen. Auch das war es nicht. Kein Seidenblatt hätte damals zwischen uns Platz gehabt, als wir die Arme umeinander schlangen, in gleicher Trauer, die uns überwältigte. Mehr als alles begehrten wir den auslöschenden Moment, aber auch da war es nicht.

Als uns der Arzt nach drei Stunden Warten sein Urteil stotternd andeutete, sagte ich Nein und wiederholte dieses Wort, als ginge es um Rechtsprechung, gegen die Einspruch möglich war.

Ich habe das nicht verdient, dachte ich. Ich kann mein Leben durchforsten und werde nicht finden, in welchem Augenblick ich das verschuldet haben sollte. Es fällt auf mich, und ich kann mich nicht darunter vorwälzen.

Kann ich es absenden, wegschicken, jemandem in die Hand drücken? Nein, das konnte ich nicht. Kann ich hindern, eingreifen, helfen? Ja, später, ja – aber es würde nichts ändern.

Es war, wovor ich mich fürchtete, wenn ich den Schlaf wieder einmal übergangen hatte, und nun würde er sich lange Zeit lassen, in denen die schlimmen Bilder vorrückten. Du träumst nicht, du bildest dir nichts ein, du kannst es nicht wegschieben und nicht zerreden, und falls dir ein Wunder beisteht, wirst du es nicht jetzt erfahren.

Schöner Unglaube, dass Hoffnung alles verwischen könnte. Wenn niemand Genaues weiß, dann können wir uns doch lauter helfende Vorgänge ausdenken.

Vielleicht Änderungen, ein zukünftiges Programm für beide mit viel mehr für uns, viel weniger für die ganze Welt, die wir nicht ändern werden.

Das können wir nicht besonders gut. Du hast als Chef im Rundfunk deiner Mitarbeiterin einen Auftrag erteilt: Sie habe ab jetzt jeden Tag um 14 Uhr den Rundfunk dienstlich zu verlassen, weil ihr kleiner Sohn immer als Letzter aus dem Kindergarten abgeholt wurde, wegen der langen Wege von Mama.

Du hast mir das unwillig erzählt, und dann fiel uns noch die wichtige Zentralbibliothek ein, da hatte sie, scheinbar, dann auch viel zu tun. Wenn das so selbstverständlich war, warum weiß ich es bis heute und habe damals deine Gefühle und Entscheidung dankbar geteilt? Weil du so warst, immer so warst.

Man nennt das Gutmütigkeit, aber dieser Begriff passt nicht. Besonders groß und besonders stark. Aber du hast das nie gegen einen Schwächeren benutzt. Nie? Naja, aber ich war deine Frau, und manchmal ergab es sich ... nein! Wenn du den Arm seitlich ausgestreckt hast, dann konnte ich drunter weglaufen, und du hast mich nie festgehalten.

Vielleicht erfindet oder findet in diesem Moment ein künftiger Nobelpreisträger den winzigen Stein, der ins Rollen gebracht werden kann. Was heute alles geheilt wird, das bedeutete früher ... ja, weiß ich.

Schöner Unglaube, alles verwischen zu können, es ungenau zu machen, irgendwie lösbar.

Mach aus seiner Niederlage, seiner Erniedrigung einen häufigen Fall, mehrere ganz normale Wunder. Er ist doch nicht irgendjemand. Sein jüdischer Großonkel hat in England die Milchstraße entdeckt und außerdem war er ein weltberühmter Dirigent, der junge Herschel. Da kommt er her, und jener Urahn hatte eine Schwester, die alles für ihn getan hat. Ich kann auch eine Schwester sein.

Das war nicht gut, in solchem Ton redet man mit ihm nicht. Ja, weiß ich.

Mach eine Alltäglichkeit, erfinde sie. Du darfst ihn nicht in deine Beobachtungen ziehen, nicht in die Ängste, wiederhole nicht, was ein Schlaumeier gesagt hat. Mach einen großartigen Einfall daraus, eine Art Inszenierung für den Alltag, wir können alles ändern, unsere Zeit anders einteilen, das Überflüssige endlich mal leichten Herzens unterlassen ... Ich muss doch nicht überall antanzen, nur weil ich, wie viele andere, gerufen werde, um am Ende eine Stimme mehr zu ergeben. Ich muss gar nichts machen, was wir eigentlich nicht wollen ...

Er hat gesagt, so ein Urteil ist auslegbar. Mir haben sie doch schon mal Knochenkrebs unterstellt, erinnerst du dich? Du hast gleich nein gesagt, und dann war es ein Fehler im Röntgenfilm. Weißt du noch?

Ja, und ich habe das Krankenhaus mit zitternden Knien verlassen und dann so getan, als wäre meine nahezu erzürnte Abrede aus heimlichem Wissen gekommen und nicht aus dem Schreck.

Du hast gesagt, ich müsse mich einfach ausruhen, mich mal nur um mich kümmern.

Ich muss denken, das ist richtig. Und schlafen, einfach hinlegen und schlafen, möglichst, ohne dauernd aufzuwachen und wieder alles von vorn denken zu müssen.

»Das machst du? Warum?«

»Weil das schon immer mein Problem war und nun unser Problem ist.«

»Aber mit uns ist doch alles in Ordnung!«

»Sag ich ja!«

Es war nicht, als er im Riesengebirge lachend und pitschnass auf dem Rückweg den Berg herunterkam, nachdem er den Tagesausflug unbedingt allein machen wollte, meinen Mangel an Begeisterung für solche Unternehmungen achtend. Und dann stand ich auf einmal vor ihm, auch eingeregnet. Wenigstens einen Teil des Weges hatte ich bewältigt, da war es, wie er auf mich zukam, mich in die Arme nahm, übertrieben dankbar, und als wäre ich auf allen Vieren den ganzen Weg zu ihm gekommen; das war sehr komisch, warum sonst hätten wir so laut und irgendwie unpassend gelacht? Weil er mich da verehrt hat?

Es war in Harrachov, als er unter seinem Regencape hervorkam und auf den Steinen niederkniete, als ich ihm gefolgt war in den Platschregen, in den steilen Aufstieg, und ich sollte doch Tee trinken, lesen, ihn einfach allein gehen lassen.

Aber du hattest beides geahnt: dass ich es bewältige, und dass du am nächsten Tag krank sein würdest. Beides trat ein, deine Erkältung, harter Husten, und die ganze Welt schwarz in schwarz.

Kommt jeden Tag vor und ist einmalig

Er suchte für seine Verbundenheit, die eigentlich Hingabe war, meist Beweise, irgendwelche Belege. Dabei hatte er Einfälle, die das nicht brauchten. Es ging nicht um ein Ziel, zu dem man sich hinquälen musste. Wir hatten alles getan, alles geregelt, alles auf uns genommen, auch amtliche Urteile und unfreundliche Voraussagen, und hatten immer noch uns. Wir waren uns nicht langweilig geworden, einander nicht überdrüssig, wir konnten noch herzlich miteinander lachen, uns schön streiten, uns erinnern ...

Es war so: Als wir uns das erste Mal sahen und den Blick viel zu lange hielten, fielen wir unseren damaligen Begleitern auf. Wir hatten uns zwar vorher nie gesehen, und er hatte nur unfreundliche Bemerkungen über mich in die Welt gesetzt, aber die hatten mich erreicht. Nun waren wir beide zur Arbeit erschienen, als Jury bei einem internationalen Liederfestival. Er als Chefredakteur, ich als freischaffende Autorin.

Er kam im Hotel in Begleitung einer schlanken Dame aus dem Fahrstuhl, und das war also der Mann, der mich eine rote Ziege genannt hat, die das Land mit blutigem Dilettantismus überziehen will, mit ihrer überflüssigen Förderung der Singe-Zähne. Er redete, und wir konnten den Blick nicht abwenden. Ich denke, wir haben uns, bei diesem einen Blick, ganz an die anderen Augen verloren. Es war bei ihm so und bei mir auch.

Fünf Monate später, im Juli 1973, mitten in den bunten Vorbereitungen für die Weltfestspiele, waren wir verheiratet. Mit einem Strauß aus dunkelroten Rosen gingen wir zu Fuß von der Schönhauser Allee in die Mitte von Berlin und mischten uns unter die Singenden, Redenden, Tanzenden, mir liefen dauernd die Tränen, vor Freude, und ich musste lachen, mit jedem, der gerade lachte, und wir konnten kaum atmen vor lauter guten Vorsätzen. Und wirklich, ich habe an jenem Abend gehofft, vielleicht sogar geglaubt, dass hier nicht nur Nähe, Freude, sogar eine ewige Liebe entstanden war, sondern dass wir die Weltuhr berührt haben, gerade etwas Schönes in die Zukunft pflanzen, etwas, das Ungutes lähmen könnte.

Es war so, wir waren so, unsere Rocker schon damals mit großen Plänen, es keimte, weit über die Erwartung hinaus würde es auch bei uns im Land zu Veränderungen kommen, also weniger behördliche Kleinlichkeit und Bürokratie, weniger Enge in Herzen und Köpfen.

Niemals habe ich vergessen, wie die Chilenen mit unseren jungen Leuten unter Regenschirmen auf der Erde saßen, Hände drückten, sie waren so viele, so viele Umarmungen, und mit wunderbaren Liedern haben sie die Liebe erwidert, die ihnen so offen gezeigt wurde – und wir waren stolz darauf, sie für ihren Kampf zuhause zu ermutigen. Es war beinahe, als wären wir mit ihnen und Víctor Jara unterwegs. In ein besseres Leben, eins fast ohne Angst, ohne Unterdrückung, ohne Mord.

Später bin ich Víctor Jaras Frau begegnet. Sie war mit den Kindern in Berlin, um in der Volksbühne über ihn zu sprechen. Sie sagte mir, es sei nicht wahr, dass man ihm die Hände zerschlagen habe. Sie hat ihn gesucht, ohne die Kinder, und sie hat ihn gefunden. Sie sagte, sie habe die Kinder aus Chile herausgebracht, und es sei nun ihre Lebensaufgabe, über Víctor zu sprechen, denn er darf nicht vergessen werden.

Wir sprachen nicht näher über das, was in ihrer Stimme auch mitschwang: Er wollte es vorher nicht glauben, er hat trotz aller Erfahrung an Recht und Gerechtigkeit geglaubt – und »ich hatte schon lange Angst«.

Der Augenblick gehörte ganz der Trauer um diesen liebenswerten jungen Künstler, der bei seinem Besuch von den »Oktobris« zu ewiger Freundschaft und Zusammenarbeit aufgenommen wurde, durch seine Nähe eben ein Freund, mit dem zu singen reine Freude war.

Wir gingen nachhause, überladen mit Ahnung, aufgeregt, streitbar, am liebsten hätten wir gleich über alles gesprochen – und sind dann doch in unruhigen Schlaf gefallen, ohne die Rosen versorgt zu haben, ohne in den Medien nach dem Stand der Weltgeschichte zu fragen.

Ich war damals zweiundvierzig Jahre alt, nun zum dritten Mal verheiratet, er war ein Jahr jünger – mit zwei Töchtern zu den meinen, mit anderen Erfahrungen in der Kindheit, also verwöhnt, viel gebildeter, ein Studierter. Wir mussten sehen, wie es gehen könnte. Besser, als wir zunächst dachten. Erst gegen Morgen, mitten in der Hochzeitsnacht, wollten wir uns trennen – grundlos!? Er fing an, seine paar Sachen zu packen und schwieg mich an. Aber dann sprach er es doch aus: Ich hatte beim gemeinsamen Abendessen, der Empfehlung des Kellners folgend, eigenmächtig, ohne Absprache, gebratene Forellen bestellt. Die er später nie zubereitet hat, die er schon immer nicht mochte. Er hatte recht, es war ein Übergriff, aber um das zu denken, musste ich es erst einmal begreifen.

Ohne die Tränen von mir hätten wir in jener Juninacht 43 Jahre unserer Ehe wohl versäumt – zwei Leute, die von sich glaubten, sie seien vorurteilslos. Schöner lehrreicher Anfang.

Wir sind eine Großfamilie
verwandt, verflochten oder befreundet
wir leben mit unseren Erben
auch unverwandt gucken die uns unverwandt an
wiegen wollten wir sie, trösten
ansingen und auf sie hörn
unsere kleinen Erben haben aus uns
eine Großfamilie gemacht
Ich bin bloß die fast Hundertjährige
die durchs Fenster reingeklettert ist
um drinnen ja nichts zu verpassen

Als er nackt am meinem Fenster stand, statt in die Badewanne zu gehen, habe ich ihn wahrscheinlich weniger geliebt als beim Anblick des gedeckten Tisches, wenn er die Familie eingeladen hat. Ich weiß noch alles.

Das Wunder, einen denkenden
kochenden, spöttischen, grantigen
vorsichtigen, übermäßig viel erwartenden
Mann zu lieben
das ist mein Alltag
wie kann ich ihn halten
wenn die Schwäche seine Stärke
überwindet
ich werde bleiben
damit er mich wiederfindet

Wir kennen uns so gut, dass ich fast immer weiß, was er sagen würde. Neulich nachts habe ich ihn gefragt: »Sind es die alten oder ganz neue Probleme, die uns so zu schaffen machen?«

Er sagte: »Es gibt keine neuen, es sind unsere alten Probleme, die feiern Urständ'« – »Und wie haben wir es geschafft, mit denen fertig zu werden?« Er sagte: »Wir haben uns immer entschieden.«

Ja, ich kann mich erinnern. An diese und jene Lösung, aber doch auch Aufschiebung, falsche Ansätze, unnötiges Umdenken ... Was sagt die Familie?

Laura sagt, dass er recht hat.

»Als ich geboren wurde, hat er mich auf den Arm genommen und gesagt: ›Du bist unser Kind.‹ War es dann nicht so? Ich bekam sein großes Zimmer mit den dicken Vorhängen und die generelle Erlaubnis, auch nach neun Uhr abends noch Appetit auf frische Pommes zu äußern – und sie zu kriegen.«

Er hat dich aber nicht wirklich verwöhnt. »Nein, nur im Tierpark, mit einer Handvoll Kärtchen für Reiten, Schaukeln, Besichtigungen, Eis und gelegentlicher tapferer Annäherung an gut bewaffnete Tiere, was eigentlich nicht erlaubt war.«

Und beim ersten Mal in der Loge, wo die Königin der Nacht ihre Tochter vom Zauberer wiederhaben wollte. Du hattest ein wunderschönes Kleid an, glaubtest aber, dass die Leute in der Loge nebenan wussten, dass es deine erste Oper ist, und sie haben über dich gelächelt, und außerdem hast du zwar kein Gesicht gemacht, aber er wollte, dass wir gehen. Hinterher meintest du, dass die Königin der Nacht bloß ihre Tochter wiederhaben will, deswegen ist sie doch kein schlechter Mensch.

Nein, er hat dich nicht zu sehr verwöhnt. Als du ausgerechnet ihn mit der Frage nach der Entstehung des Menschen ausgezeichnet hast, hat er es dir so klug erklärt, dass wir alle was davon hatten. Ja, du hast recht, wir haben gelacht, aber wir waren auch stolz auf die Eleganz und Logik seiner spontanen Darbietung, die dir völlig ausreichte. Zu diesem Thema haben nur du und ich später noch eingehender geredet.

Von diesen und jenen Dingen
die glücklich machen
oder misslingen
nimm deine Finger
dein Herz aus der Last
neben der Leiter
geh einfach drei Schritte weiter

Frei von Liebe
frei von Hass
einander nicht mehr begegnen
wie würde das aussehn – einander segnen
und sich freizusprechen
Man kann eine Liebe nicht leben
wie eine Liebelei
da muss es Maße geben
die machen nie wieder frei

Jeder einzelne Tag

Einfach weiter, das ist leicht gesagt. Wenn ich versuche, den heutigen, einen ganz normalen Wochentag, aufzuteilen in Notwendigkeiten und Entspannung durch einfach mal nicht mitmachen, nicht antworten, nicht zurückrufen, sich bei niemandem bedanken, nicht absagen, umbestellen, den Stift aus der Hand legen, keine Antwort suchen ... die Liste ließe sich verlängern. Ein ganz normaler Tag – wie bitte? Aber dieser heutige, ganz normale Donnerstag holt mich aus der Reserve.

Da ist ein Mann gestorben, den ich nicht nur gut leiden konnte. Er war ein sehr guter Lehrer, begabt dafür, leidenschaftlich engagiert.

Wir haben uns öfter aus Anlässen getroffen, ja, etwa wenn eine neue Organisation gegründet wurde, die gefehlt hatte und Leuten nun nützen konnte: Damals, die Gesellschaft für Bürgerrechte und Menschenwürde, die hatte diesen oder einen vom Sinn her gleichen Namen. Den habe ich vergessen, aber nichts von der Arbeit, die uns dort zusammenführte. Mich hatte Wolfgang Harich überredet, und Professor Heinrich Fink war auch dabei.

Heiner Fink, schreibt die Zeitung, lebt nicht mehr. Ich werde diesen Freund, diesen aufrechten Menschen nie vergessen und habe meiner an dieser Stelle zu kritisierenden Zeitung gestern einen Brief geschrieben, weil ich mich gegen die kaltherzige Abfertigung seines Lebens wehre.

Kurze Zeit vor der Inbesitznahme der Humboldt-Universität hingen dort lange Stoffstreifen, beschriftete. Auf denen stand: »Unsern Heiner nimmt uns keiner.« In meiner Zeitung hatte ein einziger Bürger sich über die karge Traueranzeige geäußert. Das ohne Widerspruch zu dulden, wäre ein weiteres Mal Unrecht an einem aufrechten unschuldigen Mann gewesen.

Professor Heinrich Fink habe ich Mitte der Sechziger getroffen. Damals begab sich in Berlin eine unerwartete Kommunikation von jungen Schreibern, Sängern und Musikern, die der ziemlich dürren Atmosphäre etwas Leben einhauchen wollte. Hacks schrieb über den Oktober im siebzehner Jahr, Biermann machte sich gerade an seine damals frechen, aber schönen Lieder, gegen die erst einmal nur Perry Friedman und Manfred Krug etwas hatten. Und Hacks lehnte ab, als Biermann mit ihm die Konterrevolution in der DDR anführen wollte. In jener Zeit, also Mitte der Sechziger, gab es, nicht nur in Berlin, auch in den anderen großen Städten der DDR, ungezählte Zirkel, Klubs und sich gründende musische Gemeinschaften, mit vielen grübelnden Köpfen, noch mehr Vorschlägen, die zu oft nicht verwirklicht werden konnten oder aber durch das Wort von einem, der was zu sagen hatte und an verstopften Ohren vorbei entschied, eben doch als Beispiel ins Leben traten. Denen wurde nachgeeifert. Ich war mit meinen ersten Texten mittendrin und damit war verbunden, dass ich versuchte, auch eine Meinung zu gewinnen unter den vielen, denn eine eigene hatte ich noch nicht.

Eines Tages lud Professor Doktor Fink ein: Er wohnte damals in Weißensee, wenn ich mich recht erinnere, in einem alten großen Haus mit Dachterrasse. Er stellte sie uns zur Verfügung. Eingeladen hat er die junge Sarah

Kirsch, den Biermann, Heinz Kahlau, Jens Gerlach, zwei junge Dichterinnen, deren Namen mir entfallen sind, und zwei Jungs mit besonders großer und kritischer Zunge. Fink meinte, wir sollten uns hier mal Zeit nehmen, und wir könnten ruhig laut reden, es wäre niemand im Haus.

Das haben wir getan. Ich weiß nicht mehr, als was ich mich gerade fühlte, lebte damals kurze Zeit mit dem Dichter Heinz Kahlau, dem es nicht an Talent fehlte, aber an jeglicher Toleranz – vor allem dem Gedanken einer Gleichstellung der Geschlechter gegenüber. Ich war Anfängerin, ja. Aber er erklärte mir, wie wenig das besagt, denn es gibt Stunden-Tage-Monatstalente, das sind die einen, und dann gibt es noch solche, wenige, für die Ewigkeit. Ich fragte ihn, wo er mich einstufe, er meinte, so 'ne Viertelstunde am Vormittag ... Und dich selber, wie siehst du dich? Er machte eine große Handbewegung: so um ein bis zwei Jahrhunderte rum.

Er hat schöne Liebesgedichte geschrieben. Am Anfang auch für mich. Am Tag auf dem Dachboden haben alle geredet, und wenn auch aus all dem Gesagten am Ende für das Vaterland nichts rausschaute, so kann es doch im einzelnen Streiter oder Vermittler etwas bewirkt haben. Was?

Die Lieder sind geblieben, manche werden bleiben, und es gibt immer einen Sänger, der sie singen kann.

Damals gingen wir eigentlich ziemlich zufrieden davon; manche kurz danach für immer, Kahlau und ich auseinander, andere nach drüben. Wir trafen uns in diesem Kreis nie wieder, aber jeder, auch wir Anfänger, hat weiter gearbeitet und also seinen Teil eingebracht. Wenn ich es mir anschaue, ist es gar nicht so wenig. Die Verse von Kahlau haben auch überlebt, manche als Liebeslieder. Das ist gut so. Ich kann mich nicht besonders an ihn erinnern, an einiges nicht genau. Aber er hat zu mir gesagt: »Ob du von jetzt an Tag und Nacht schreibst oder ich vormittags für ein paar Minuten, da kommt für die Welt dasselbe raus.« Nein, sie waren auch damals nicht alle so, und ich hatte nun, viel später, einen ausgeprägten Einsteher für die Gleichberechtigung der Frauen, manchmal sogar ganz für mich allein in der Wohnung.

Andererseits

Es war nicht, als er mir meine Arbeit und die Abwesenheiten ungerecht vergalt.

Es war nicht, als er unwillig wurde, weil wir einen zu langen Weg geahnt mühselig zurückgelegt hatten – warum eigentlich da? Warum?

Und wieder ließ ich es zu, gekränkt zu werden, statt Wirkung zu suchen, die ich aber auch weit überschätzte. Das mag sein. Aber ich wollte nicht Schmerz bereiten, der mich gepeinigt hätte.

Es war nicht, als wir uns in die Arme nahmen, in gleicher Trauer, wegen der Nachricht, die uns überwältigte.

Aber wir mussten sie nicht aufnehmen, sie war an den Horizont zu schieben, sie war umzudeuten, war zu verdrängen.

Es war so, und es blieb unser Rezept: Liebe verständlich machen, müde gewordene Gefühle neu wecken und erfrischen. Stärken, was nie aufgegeben werden darf. Die Hingabe, die Geduld, Umsicht für alles, was der andere braucht. Und es war Arbeit. Sie bestand aus Verzicht, Zurückstecken, aus Missachtung der eigenen spontanen Wünsche und Ansprüche, aus ständigem Verändern von Geplantem.

Zu viel Verzicht schuf ein Zuwenig an Ruhe, zu wenig Zeit – es ging immer um Aufschub, immer um demnächst.

Ich ließ keinen Vergleich zu, schob die Bilder, die sich einmischen wollten, in die Schublade. So war es aufgehoben als Erinnerung, lag wie im Schrein, zur Bewahrung.

Und ich verbreitete die vorerst tröstende Unwahrheit, man könne das Urteil ... Und es käme auf uns an – nein, auf mich.

Also kümmere dich darum, dass er um siebzehn Uhr Ruhe erwarten und die Nachrichten ungestört sehen oder hören kann. Sei neben ihm, mit ihm, greif ihm voraus, schieb deine Arbeit auf, lass dir den Schlaf unterbrechen, versteh seine Peinigung durch Scham, sorge immer für frisches Obst, übernimm nötige Anrufe, teile sein bevorstehendes Dunkel.

Wenn er nicht mehr sehen kann, kann er hören. Es gibt heutzutage – ja, als wir uns darum kümmerten, stießen wir auf einen Reichtum an Hörbüchern. Etwas, das ihn interessierte und beschäftigte. Und während es ihn zurückholte in vorher normalen Umgang mit dem Alltag, konnte er auch anknüpfen an seine Bildung, denn er wählte aus, er ging um mit den neuen und den alten Schätzen, die er kannte, besser als ich.

Jede Veränderung hat ihre Oberfläche, aber ob Tiefe oder Untiefe, das ist schon Auswirkung, die sich von der Ursache entfernt.

Er hat mich nicht allein gelassen damit, sondern überredete mich zum Atemholen, allein an die Ostsee zur ersten Kur meines Lebens. Daraus entstanden lange Gespräche am Telefon, erstaunliche tägliche Briefe, und eine Wiederkehr von Normalität, die für beide heilsam war.

Wir sagten uns, dass ein Teil unserer Ängste nicht als Diagnose gesehen werden kann, sondern allzu dunkle Ahnung ist, vielleicht sogar falsche Deutung.

»Das Leben meint es doch eigentlich sehr gut mit uns. Und die Wissenschaft arbeitet Tag und Nacht am Stand ihrer Kenntnisse, aus denen dann alle Möglichkeiten erweitert werden.«

»Du schickst mir tausend Küsse? Ich gebe sie Dir zurück, damit Du sie aufteilst über eine lange Zeit … weit über dieses Jahr hinaus.«

»Ich bemerke, dass ich mit dir immer über die Zukunft rede. Was sie für uns bereithält, wissen wir so genau nicht.« Sie wollte sich uns als eine Zeit aufzwingen, für die schon eine erhebliche Anzahl von »das geht dann auch nicht mehr« gesichert schien. Einiges haben wir einfach unbeachtet gelassen; anderes nun gerade gemacht, aber es wird seinen Platz einnehmen, ohne dass wir ihn eifrig zum Mittelpunkt erklären. Ich habe Sehnsucht nach dir, das ist ein sehr lebendiges Ziel, das sich nicht woanders hinschicken lässt. Ich geh noch ein paar Schritte ans Meer, dann schreibe ich dir.

> Das vergessene Meer
> da liegt es, von Muscheln gerändert
> atmet schwer
> hat sich nicht verändert
> ertrinken
> versinken
> die Angst pocht nicht mehr wild
> gelassen weiß ich die Gefährdung
> es stört meinen Schlaf kein Bild
>
> das hier ist nur zu betrachten
> es zieht keine Hand hinab
> wie stark und gewiss wir uns machten
> vor dem heiter gewählten Grab
>
> Wir sind wie durch Erde verbunden
> im Leben und danach
> für Millionen Stunden

Ich schreibe auf, was und wie es gewesen ist. Aber eben merke ich, dass beim Aufschreiben auch ein Zeitraum erscheint, in dem Bedrohung und Reichtum der Gedanken und Gefühle sich irgendwie ausglichen. Das blieb nicht so, denn es dauerte mehr als ein Jahrzehnt, mit verfrühten Hoffnungen und auslegbaren Bemerkungen der Fachleute.

Mehr als ein Jahrzehnt – von der Ahnung über die Wahrnehmung bis zum Ende.

So widersinnig es scheinen mag: Wir haben es gelebt und blieben bei allem eine sehr lebhafte Familie, in der es Respekt und Liebe gab – und die eine harte Lehre annehmen musste, eine geschichtliche, und jeder mit seinem eigenen Leben und mit der Welt.

Es kamen Menschen hinzu, die zuerst dienstlich helfen sollten, dann helfen wollten – die Freunde wurden und geblieben sind. Mir sage niemand, dass der Mensch einsam und hilflos sein muss.

Eine neue Lage

Ich bin jetzt alt. Manche machen manches anders als ich, also falsch.

Ich bin alt, ich weiß alles besser: zum Beispiel, was sich lohnt, per Video oder DVD aufgenommen zu werden, wie man etwas vervielfältigt – gab's ja früher nicht; ich bestücke meinen Geschirrspüler vernünftig und spüle alles vorher ab, denn schon ein Teeblatt kann das Scheißding ausschalten. Ich kann mit Phone, Laptop, Internet, Kopierer und all dem Zeug umgehen. Handynachrichten versende ich nicht und will auch keine Selfies machen oder sehen.

Wahrscheinlich könnte ich heute nicht mehr in zwei abgeblätterten Emailleschüsseln ohne Fit das Geschirr handhaben, ich kann nicht mehr sticken, stricken, flicken. Vermutlich auch nicht mehr aus zwei Kartoffeln, einer halben Zwiebel und einer halben Bockwurst ein Mahl für zwei Personen zubereiten. Das konnte ich, als ich es musste.

Wenn ich mich erinnere, besaß ich als Siebzehnjährige drei Kleider, eins immer hässlicher als das andere, auf Punktkarte gekauft.

In einem davon habe ich mit siebzehn Jahren, als Jungfrau! den falschen Mann geheiratet. Das könnte ich heute auch nicht mehr.

Ich staune, wie tüchtig ich musikalische Einfälle von einem Band auf meinem Gerät abhöre, das ist mehr als vierzig Jahre alt, kann nur noch, was es für die Arbeit soll. Ein Wunder, und ich kann mir mit Ratschlägen für herrliche Veränderungen die Wände tapezieren. Eines Tages! drohen mir meine Lieben. Ja, dann wird es wohl nicht mehr funktionieren, und ich kaufe mir etwas, das ich weder blindlings bedienen kann, noch wird es mir Töne schicken, zu denen mir sofort apfelblütengleich schöne Wörter einfallen. Mein Gerät humpelt, nimmt nix mehr einfach so auf, aber es ist meins, und nächstes Mal zähle ich für Annalen mal alle Lieder auf, die mit seiner Hilfe entstanden sind. Auch für Dirk, für Vroni, Jürgen oder Maschine.

Ich vergesse neuerdings vor lauter Fülle auch manches Wichtige.

Aber eines Tages, wenn ich mal viel Zeit habe, stelle ich mich mit einer Kiepe auf dem Rücken an den Wegrand und murmle meine Weisheiten. Vielleicht verkaufe ich sie auch, früher gab es an der Autobahn Pilze, die ich im Wald nie gefunden hätte. Bist du nicht Freund, hast du nicht Freund. Wer andre bescheißt, sollte hingucken, ob er dabei nicht seine eigenen Hosen anhat.

Meine Enkelin Laura benutzte zwei Sätze, die hat das Leben als Wahrheiten bestätigt. Der eine lautete:

»Schön hinsetzen.« Wir sollten den Raum nicht ohne ihr Einverständnis verlassen.

Das war doch wichtig. Der zweite Satz: »Alles muss so sein wie immer.« Klingt traditionalistisch, aber es ist eine unabdingbare Wahrheit, denn es meint, dass wir uns bleiben müssen, dass wir nie vergessen dürfen, woran wir glauben und was wir eigentlich auf dieser Erde wollen.

Und: Wer einen andern als Verräter abtut, ohne Genaues zu wissen und nur, weil jemand das gesagt hat, der verrät das Beste: eine Chance. Mehr ist beim vorsichtigen

Schritt aus der Ungewissheit vielleicht nicht zu haben. Aber alles ist besser als die Einsamkeit.

Vielleicht könnte ich noch sagen: Schlag keinen Schwächeren und nie ein Kind. Dafür hält das Leben Strafen bereit, die überlebst du nicht wirklich.

Und wenn mir nichts mehr einfällt, da am Straßenrand, dann geh ich nach Hause, mit leerer Kiepe, und hoffe, dass ich nicht wieder was falsch gemacht habe. Mit dieser Angst hätte ich früher anfangen sollen.

Ach, das war ja in der DDR. Wie die war?

Eines Tages rief der König der Tiere die Affen zu sich. Er sagte: »Ihr müsst aufhören, die ganze Zeit herumzuhampeln und zu klettern. Ich verbiete es euch.«

Die Affen sagten: »Das geht nicht. Wir müssen hampeln und klettern. Wir haben immer gehampelt und sind immer geklettert. Wir müssen das tun.«

Der König der Tiere sagte: »Ich verbiete es euch trotzdem.«

Mal einfach gesagt: So war die DDR, auch so!

Also: Klettert, hampelt und springt rum. Wenn ihr müsst! Wenn nicht, dann macht, was ihr wollt. Erst mal. Nicht immer!

Die Liebe und die Lieder

Die Lieder der Welt sind ein märchenhafter Schatz, aus dem sich Sänger bedienen können. Aber das reicht nicht. Wer singt, möchte mit eigenen Bildern und Tönen umgehen, die passenden Lieder finden und sie verbreiten, das unbedingt.

Dazu muss er die eigenen Lieder lieben und ihrem Anspruch treu bleiben, ein Arbeitsleben lang.

Unsere Lieder sollen Spuren des Alltags in sich haben, auch von fremden Schicksalen. Lieder tragen die Kultur in sich, die im Laufe allen Lebens wächst und allen gehört. Ihr Interpret holt sie aus der Alltagssprache in die schönen Augenblicke auf der Bühne.

Er muss sich dort hüten vor Tonfolgen und Worten, die er selber nicht lieben kann. Von solchen Versuchen schwillt der Mülleimer der Musikwelt.

Der Anspruch an den Sänger verlangt, vor allem Lieder zu singen, die sein Publikum gern wieder hören möchte. Warum? Auch, weil sie mit ihrer Art zu leben etwas zu tun haben und, vielleicht auch, weil er nun ihre Erwartung, ihre Sehnsüchte beim Singen ausspricht, der Sänger, und sein Zuhörer darf sich entscheiden, ob er sein Herz auch mit reinhängt oder außen vor bleibt.

Er muss sein Publikum immer in einer Neugier zurücklassen, auf die er mit neuen Liedern antworten kann. Er sollte es wenigstens versuchen.

Aber wie muss jemand sein, um so zu singen, so zu erzählen.

Es scheint ein Geheimes zu wirken, eine Fähigkeit, Leben in ganz unterschiedliche Erfahrung einfließen zu lassen, damit wir Zuhörenden uns daran bereichern und mit dem Herzen antworten können.

Empfindsamkeit gehört dazu, als wäre die Menschheit eine einzige begehrte Person, ein Kind auf den Armen der Mama, ein Atemzug Geheimnis, ein Respekt vor Ängsten, die mitten in der Nacht aufbrechen zu einem hellsichtigen Moment zwischen Schlaf und Vorsicht.

Da muss jemand allein und mit anderen lachen können, aber auch manchmal die Hand vor die Augen halten, um weniger vorauszusehen. Welche Bereitschaft, sich erkennen zu lassen, gehört dazu, sich so zu öffnen.

Da denken wir beim Hören: nun weiß ich, wer du bist – vielleicht!

Was ich für dich schreibe, gibst du mir zurück – reisefertig.

Woraus sich dieser Mensch wirklich zusammensetzt, das weiß ich nicht und werde es nie wissen wollen. Wenn es mir gelingt, und ich etwas schreiben kann, was für den Sänger oder die Sängerin etwas bis dahin nicht Gewusstes ist, wobei sie sich sogar neu entdecken, was die Seele bestärkt und was ehrliches Bekenntnis ist, zu Sehnsucht oder Trauer bei Verlust, das kriege ich zurück. Wenn es so gesungen wird, dass auch ich es glaube; wenn es den Flaum der Erfindung verliert und sich beim Singenden in der Seele und im Gedächtnis niederlässt und mir also weggenommen und geadelt wird als fremder Besitz, dann ist alles gut.

Einen Anteil an Sachlichkeit und Unerreichbarsein müssen mir die Sänger bieten, damit ich einen Weg suche, sie etwas verkünden zu lassen, was sie selber über sich vorher nicht wussten.

Sie müssen uns Zuhörer zwingen, wenigstens eine Weile zu denken: Jetzt kenne ich dich. Jetzt weiß ich, wonach du suchst und wofür du lebst. Unterhalb von Tränen oder Lachen passiert da bei mir kein neuer Einfall.

Geh vor mir, wir haben es beide mit der Unvollkommenheit zu tun, aber für den Moment des Schreibens oder der Wiedergabe erlösen wir uns aus der Grenze, die uns eben noch aufgehalten hat.

Alles, was du nicht in dir aus der Unvollkommenheit holen und also nicht zum Lied machen kannst, das darfst du nicht anrühren, denn mir werden nicht die Tränen kommen, wenn du es zum ersten Mal singst.

So haben wir es verabredet. Und so soll es uns bleiben.

Großer Abend

Manchmal ist es wunderschön. Mit Leuten, die man umarmt, tröstet, rühmt, alles ist gut. Manchmal auch nicht. Könnte eigentlich, aber wird nicht.

Einmal kommt ein Journalist, etwa dreißig, ein Fotoapparat hängt um seinen Hals, in der Hand hat er ein knittriges Blöckchen und einen Stift, der nicht schreibt. Ich sehe, dass er meinen Namen falsch geschrieben hat, ich heiße nicht Gi-e-sela und korrigiere ihn. Deswegen ist er nicht gekommen.

Er sagt: »Erklärn Sie mir doch mal, was Sie heute hier machen. Den Inhalt. Heutabend – und was überhaupt machen Sie?«

(In Klammern: Und sonst auch. Ihr Leben und so. Ich hab zwanzig Zeilen.)

»Ich lese. Und er singt.«

»Ach. Und was?«

»Aus Büchern. Er aus seinem Repertoire.«

»Und wie heißen die?«

»Was haben Sie denn gelesen?«

Seine stille Antwort lautet: »Keins. Und wenn ich jetzt nicht die zwanzig Zeilen für die Bezirkszeitung schreiben müsste, also dürfte, dann ...« Sense.

Ich sage, er könne sich doch anhören und ansehen, was wir machen. »Wir erklären ja auch manches.«

Er sagt, so viel Zeit hat er nicht. »Ich muss dann weg.«

Ja, musst du. Und du wirst mir gleich sagen, was du wirklich willst.

Ein FOTO: Auf dem sowohl die Besucher als auch wir zu sehen sind. Aber auch die Besucher. Für die Bezirkszeitung.

Wie soll denn das gehen?

Er meint, wir sollen doch erstmal anfangen und uns dann mit dem Rücken zum Publikum auf die Bühne stellen. Dann könnte er von unten durch eine Leiter ...

Klar, ich werde Dirk diesen Vorschlag machen, dann ist unsere Freundschaft am frühen Ende.

Er fragt, warum ich lache, also reden wir gleichzeitig. Er ist jung, vielleicht lernt er heute was. Ich sage ihm, auf der ganzen Welt würde er niemanden finden, der zehn Minuten vor Beginn der Presse zuliebe mit dem Rücken zum Publikum für ein Foto posiert.

»Und warum nicht?« Die älteste Kinderfrage der Welt. Ich sage ihm schnell was Vorläufiges, und er reduziert mit seiner Krakelschrift die Information zu Hieroglyphen. Acht Minuten vor Beginn.

Eine Frau sagt: »Ich bin die Zwillingsschwester von Edi.« Edi kenne ich. Kannte ich. Ein Alkoholiker, der es mit Hilfe seiner Mutter und meiner Freunde bis in die Rente geschafft hat. Gut, dass er nicht mehr an sich selber leiden muss.

»Hat er aber lange durchgehalten«, sage ich, nicht hilfreich, aber wahr. Das Gesicht der Zwillingsschwester verzieht sich zu einer sentimentalen Grimasse, die mich erschreckt. »Er musste so furchtbar leiden ...« Ja, und das über Jahrzehnte. Am Kater, an Gedächtnislücken, am Beinbruch seiner Frau, die er im Suff von der Treppe geschubst hat. War ja nicht böse gemeint.

Die Frau glaubt mir nicht, dass er ... »Also, da hätte er doch mal was gesagt. Und seine Frau hat auch nichts gesagt.«

Klassischer Fall von Verdrängung. Ich will nicht gemein sein, aber ihre Haut, ihre Augäpfel ... also wirklich Zwillinge.

Eine andere Frau zeigt mir mein allererstes Buch, und sie hat alle ihre Stellen unterstrichen, mit Datum dahinter, musst du dir mal angucken. Freunde laufen knapp winkend vorbei.

Und dann kommt ein fremdes Paar, ich gucke die an, die mich, wir lachen, lächeln, sie gibt mir ihre Hand, auf die Bühne, los, es wird zum Heulen schön, unvergesslich, und ich weiß nicht mal, wie sie heißen.

Unverzichtbar

Ich bin meinen Freundinnen im Alter weit voraus. Das war schon immer so, aber unsere Gedanken treffen sich, wenn wir mal Zeit füreinander haben und hoffen, uns an alles zu erinnern, was wir uns für ein Gespräch merken wollten: ohne Umwege schnell auf den Punkt zu kommen, Dinge beim Namen zu nennen! Das gelingt nur nie! Wir geraten immer vom Hundertsten ins Tausendste.

Ich liebe es, dass sich meine Freundinnen trotz erheblicher Lernzeiten, und stetiger Nutzung dieser Leistungen, einer Sprache bedienen, die alltäglich scheint und es nicht ist. Wie in einem guten Lied hört sich die Wortfolge ganz normal an, ohne es zu sein. Das hat jede meiner Freundinnen mit anderen gemein: die scheinbare Einfachheit der Sätze und Argumente, die aber durch Rhythmus und Denkvorgang überzeugen. Mich, und manchmal auch die Menge.

Jeder Mensch sammelt in seiner Lebenszeit Schätze. Die ändern sich im Lauf der Zeit durch Anspruch und Geschmack, da hilft die Erfahrung. Es bleibt immer bei dem Respekt vor Wertungen und Erinnerungen.

Wie wir damit umgehen, bestimmt unser Handeln. Ob wir vor einer Schwelle stehen, in unbekannt kaltes Wasser springen oder uns angenehm faul in den Schatten eines Baumes legen, wir müssen uns immer entscheiden – ob wir bleiben, oder ob wir weitergehen – und mit wem.

In meinem Lebenskoffer finde ich wenig, um das zu trauern wäre. Meine Spuren aus Irrtum und Gewinn, aus

Anfängen und manchmal zu frühem Beenden vermischen sich mit dem, was ich gekonnt oder halbfertig aufgegeben habe. An meinen Unternehmungen waren von Jugend an immer andere Frauen beteiligt, erst verwandte, dann befreundete, wertvolle Partner, verschwiegene Vertraute. Sie waren ein Teil meiner Möglichkeiten. Das hätte sich ändern können, wenn ich je in einer Freundschaft Verrat erfahren hätte. Das ist mir nie geschehen. Die Freundschaft zu meinen gebildeten Freundinnen war lebenswichtig und ergab sich aus meinem und ihrem Weg.

Sie haben alle ihr Wissen und sogar ihren Instinkt, ihre Erfahrung und die Kraft ihrer Ideen in meine Arbeit eingebracht. Mit meinen armseligen Voraussetzungen von fünf Volksschulklassen wäre es wohl bei den Anfängen aus Talent geblieben. Durch meine lieben Weiber konnte ich in selbstverliebten Männerkreisen zwar kundiger wirken, als mir zustand, aber sehr weit hätte das nicht geführt.

Mein Päckchen ist eigentlich geschnürt. Ich habe eine ernste Zeit hinter mir, für die man im Leben vorher nicht üben kann. Freundinnen und Familie haben mir geholfen, sie haben alte Tugenden geübt und neue erfunden.

Einige von uns haben sich trotz anderer Chancen für ein überfülltes Leben entschieden, jede ist ihren Bildungsweg gegangen, und es zeigte sich, dass die Ergebnisse auch für den Alltag anderer Menschen brauchbar sind. Meine klugen Freundinnen haben, ohne mich damit je zu kränken, meine fehlende Bildung nicht nur in Kauf genommen, sondern überspielt oder abgeschafft. Dessen bin ich mir immer bewusst.

Im Auto neben mir sitzt meine Freundin, ohne die das Auto sich nicht bewegen würde, denn als vernünftige

Person habe ich anlässlich eines runden Geburtstags die Fahrerlaubnis abgegeben. Sie ist eine zehnfingrige Geübte am Computer, eine sichere Finderin von jedem je beschriebenen Blatt Papier, das ich sorglos dem All überlassen habe. Sie spricht vier Sprachen und stellt mir die zur Verfügung. Wichtig, weil mir so Gedichte und Lieder in die eigene Sprache übersetzt werden, zur möglichen Nachdichtung vorbereitet. Nicht ich, sie hat an der Humboldt-Uni studiert, ist Facharbeiterin für Rinderzucht, hat mit verwaisten Kindern weit von hier gelebt und mit Todkranken in der Nähe.

Für mich als Autorin gilt: Gedankengänge wollen verdient sein, und in der schöpferischen Arbeit kann ein kalter Atemzug die Weiterarbeit beenden.

Was hält uns Frauen zusammen? Anschauungen über die Welt, die gemeinsame Vorstellung von einer Zukunft, in der Menschen mit weniger Angst, Gewalt und Unterdrückung leben könnten. Was wir unternehmen, meint immer mehr als unser eigenes Leben. Nein, wir werden es nicht sein, die mit einem Machtwort oder geduldigem Anlauf die Welt befrieden oder wenigstens auf die Beine stellen. Aber wir werden es immer wieder versuchen.

Unsere Art zu leben passt zur Lebensart meiner Freundinnen. Ich hoffe immer, meinen Teil, der noch vor mir liegt, niemals allein durchstehen zu müssen. Meine Freundinnen haben einen Anspruch an mich: ich gebe nicht auf und hoffe, dass ich mit meiner Arbeit ein Teil eures Lebens sein kann, so wie ihr, meine Freundinnen, es für mich seid.

Mein leibliches Kind

Meine Tochter Kirsten war so hübsch, dass ich von Fotografen gefragt wurde, wie ich das hingekriegt habe. Naja, die ersten viereinhalb Monate der Schwangerschaft habe ich sie gänzlich in Ruhe gelassen, weil ich meine ganze Zeit brauchte, um mich unentwegt zu übergeben. Danach hatten wir mit unbehandelbarem Sodbrennen zu tun. Dreiunddreißig Stunden habe ich gebraucht, um sie erst einmal zur Welt zu bringen.

Es gab damals, 1951, keine Kuscheltiere. Ich hatte als kleines Kind keins und also kein Erbe für sie. Sie wusste sich zu helfen, steckte sich den Zipfel ihrer Bettdecke in den Mund, und wenn sie sich einsam fühlte, warf sie ihren Nuckel in die Stube und ließ mich das laut wissen, so dass ich aus der Küche herbeieilte, zu ihr, die mich einmal mit ihren dunklen Augen anguckte und sagte: »wieder lieb.« Dass sie sich so früh schon für ihr Verhalten entschuldigte, rührte und beschämte mich. Später musste sie, neben einem klugen, auch viele doofe Lehrer aushalten. Und die Scheidung von ihrem Vater. War das alles? Naja, es kamen vergängliche Anwärter, die sich gerne bei uns niedergelassen hätten. Nix da. Lange nicht.

Sie hat geheiratet, wie wir alle zu jung, und sie hat mich zur verliebten Großmutter gemacht. Meine Seele hat sie mal strapaziert und mal vernachlässigt.

Aber eins hatten wir immer: Momente, in denen alles wahr gewesen und geblieben ist, worin wir uns einig waren. Und nun ist sie selber Großmutter geworden.

Das Mädchen, das uns fortsetzt, ist meine Urenkelin. Na prima. Als ich etwa zwanzig war, hatten wir alle ein ziemlich karges, manchmal sogar elendes Leben. Vor der Babyausstattung meiner Urenkelin ging ich in die Knie. Dieses kleine Wesen wird geliebt, hat Papa, Mama, Oma und mich.

Wir leben in der engen Spanne zwischen Weltalarm und heimischem Behagen, das zu unserem Erstaunen auch für ganz normale Leute in all dem Durcheinander möglich ist, sofern man sich zu seinen Gefühlen und den echten Neigungen bekennt. Es ist immer ein Slalom zwischen der Wahrnehmung des großen Geschehens und dem lebendigen und aufrichtigen Bedürfnis, sich einzumischen. Und etwas beizutragen zu der Wärme, die wir miteinander und untereinander so dringend brauchen wie den nächsten Atemzug.

Wir haben gemeinsame Veranstaltungen, meine Tochter Kirsten und ich, über Mama und Tochter. Jede hat ihre Sicht auf beide Anteile aufgeschrieben, und wenn sie liest, erzählt sie, sehr gelassen und liebevoll, wie sie mich erfahren hat und was wir aneinander haben. Das kann sie. Ich höre ihr zu und bestaune ihre Gelassenheit, auch unvermutete Klugheit, wenn sie über kleine und große Ereignisse berichtet, wenn sie – taktvoll – bekennt, was sie sich hätte sparen können. Ich kann ihr den Zauber des Erzählens nicht abgucken, also lache ich mit oder schlucke an bestimmten Stellen die Tränen runter. Nun sind wir, wenn auch in unterschiedlichem Maße, beide alt. Und haben es verdient, einander zu brauchen, zu verzeihen – und zu lieben.

Tochter

Bevor du glaubst, dass du aufgeben musst
eh' du erstickst an dem Wort
das sich einer gegen dich traut
Bevor du verstummst
wenn du dich schämst vor Hilflosigkeit
streck die Hand aus
gib mir eine Chance
durch einen Laut, eine Silbe, eine Träne
spür die Berührung meines Blickes
ich gebe dir Antwort, vorerst ungenau
du wirst bemerkt, jemand steht dir bei
und belehrt dich nicht
mahnt nicht, wie gut es dir geht, NEIN!
du mit deiner ganzen Freiheit und Verzweiflung
halte mich für möglich, mich oder irgendeine
sende dich aus an mich ohne Angst
In den versehrten, ermüdeten, abgekämpften Kammern
durch die das Blut fließt
hat mein Gefühl für dich noch Platz
die Kraft reicht noch immer für uns beide

Alle meine Kinder

Sensibel waren sie alle. Alle waren empfindsam, brauchten ihre Kuschelzeiten, so nötig wie die frühen Versuche der Selbsterfindung und die rührenden Ansätze eigener Entscheidung über die Uhr in der Nähe von Schlafen und Schmusen. Aber so viel ich auch erfahren habe, nachlesen konnte, einsehen lernte – oder auch umdenken! – immer war es das einzelne, kleine abhängige Wesen, das mir bewies, wie viel wir zu wenig wissen. Vor allem, wenn wir anfangen, etwas ganz Neues für gesicherte Erkenntnis oder Kenntnis zu halten. Das nur neumodisches Angebot war, Vorschlag für einen Versuch, der sich schließlich oft als alter Quatsch erwies. Guck dein Kind an, nimm es in den Arm, sieh hin, dann erfährst du alles.

Ein Wissenschaftler hat mir vorgeschlagen, sehr früh zu beachten, dass einem kleinen Kind nicht erlaubt werden darf, auf sich selber zu reagieren. Es muss daran gewöhnt werden, Schlaf- und Nahrungszeiten zu empfangen, also nicht selber mit zu entwickeln. Liebevoll und streng, das Kind gewöhnt sich daran.

Demnach habe ich alles falsch gemacht. Beim ersten, dem einzigen selbst geborenen Kind habe ich nur einmal versucht, so 'ne Art Chefin zu sein. Es hat meine Reue gekostet.

Bis heute denke ich, dass ich ihr etwas schuldig geblieben bin, damals, und wenn ich nicht streng genug zu mir bin, dann kann ich mich wieder nicht leiden, denn das kleine Kind weinte bei Alleinsein, statt einzuschlafen, und war noch kein Jahr alt; ihr Vater bei einer anderen Frau, rauchte bei Anwesenheit in ihrem Zimmer, bald würden wir zwei Hirnis uns scheiden lassen und was konnte denn sie dafür. Er hatte sich einen Sohn gewünscht und – ach, soll sie doch selber sagen, wie blöd ihre beiden zu jungen Elternteile waren.

Sie hat mir längst vergeben, ich mir nicht.

Ich hab mir nicht verziehen, aber alles anders gemacht. Gleich und für immer.

Sie durften bei mir schlafen, wenn sie krank waren oder es dringend wollten.

Ohne langes Erzählen, singen oder ein Buch angucken kam keins von ihnen zur Ruhe.

Manches hab ich vergessen, die Kinder nicht.

Wenn es richtig ist, dass kleine Menschen gleich nach Verlassen der mütterlichen Wärme sofort zu A und B und C erzogen werden müssen, warum ist das bei fernen Völkern ganz anders? So genannten Naturvölkern: bei den Indianern und Eskimos. Bei diesen Eltern ist Nähe das Normale.

Die ganz Kleinen brauchen Wärme, die ist in der Mitte – nicht von sich selber, sondern in der Mitte bei den anderen. An dieser Stelle habe ich mich beim Schreiben gefragt, ob sich daran im Leben je etwas ändert.

Sieh hin, wenn Kinder diese Mitte suchen, kann sein, es fehlt es ihnen an Wärme.

Seit ich das weiß, bemühe ich mich darum, selber Mitte zu sein und Wärme zu bewahren. Wissend, dass kleine Menschen ihren Körper noch nicht allein warm halten können. Ihnen beim Lernen zu helfen, bringt keine Triumphe, auch keine Wunder – aber wunderbare und nie zu vergessende Momente der Übereinstimmung, der reinen Freude.

Ich wage zu glauben, dass nicht jeder Mensch liebes-
fähig ist. Und trotzdem ein Kind haben will. Weil dann
alles anders ist? Weil du dann das Bedürfnis entwi-
ckelst, das Kind zu verstehen? Als Ausnahme möchte
ich das gern glauben. Aber eine zur Liebe unfähige Mutter möchte ich eigentlich lieber nicht in der Nähe eines
kleinen Menschen sehen. Warum? Aus Erfahrung.

Fernsehen und das nackte Leben

Im Fernsehen gab es früher eine Sendereihe, die ich besonders gern vergessen habe.

»Die strengsten Eltern der Welt« hieß sie. Widerspenstigen, pampigen Halberwachsenen wurde da mitten in ihre eben erworbenen Unverschämtheiten gegen Mama, Papa und alle anderen eine fremde Lebensart zum Maßstab gemacht. Wenn sie nachgaben, weniger qualmten, sich nicht mehr vor jedem Handgriff drückten und nett wurden, wo sie bisher geistig oder auch körperlich verletzten, war alles gut, alles vergessen.

Zu diesem edlen Ziel wurden sie in die Ferne transportiert, zu ganz artigen Sprösslingen und sehr klugen Zieheltern. Sie durften nicht rauchen, außer heimlich und mit Hilfe des leicht zu findenden, versteckten Feuerzeugs. Um Doofe hat es sich meist nicht gehandelt. Sie guckten erst einmal erschrocken auf die meist sehr einfach gehaltene Lebensweise der Gasteltern und kriegten schnell raus, was die nicht durften: nicht bestrafen, sondern den Weg über Lob und Ermutigung suchen. Den Weg zur Seele eines Kindes, das unter der nächtlichen bescheidenen Wolldecke darüber lachte, sich schnell zu verstellen lernte und sich minimal anpasste – und das zwar ein Dorffest mitfeierte, aber vor allem neue Zigaretten brauchte und sie immer bekam. Unmut beim fremden Papa war meist rasch durch neue Versprechen abgewendet.

Zu Hause wurde inzwischen vorgekocht, das Heim zur Begrüßung geschmückt, und über das weniger schöne Vorher sollte nie mehr gesprochen werden.

So etwas übt die katholische Kirche unverdrossen, und eigentlich passt es nicht zu Jesus, so wenig wie alle übrige Entschlossenheit, lebensfremde Festlegungen niemals zu ändern. Gerade jetzt sind die Gerichte damit beschäftigt, die Folgen der testamentarischen Keuschheit gerichtlich zu behandeln.

Jene Sendereihe damals hat so getan, als ob sie Einfluss auf die unangenehmen Holperer bei den Halbstarken nehmen könnten. Die einzige Auflage scheint gewesen zu sein, dass Wunder der Veränderung die abschließende Sendung schmückten.

Ich hätte kein Kind zur Erziehung weit weg geschickt. Das wäre auch nicht gegangen, denn sie waren ganz normale, liebenswürdige, unverwechselbare Persönlichkeiten.

Wie du mir, so ich dir

Die Kirche ist von ihren Fehlern nicht abzubringen. Und wir tun uns schwer damit, den Verantwortlichen zu zeigen, dass man nicht ewig zögerlich und hoffend mitmachen kann. Irgendwann muss die Reaktion darauf auch die Kirche zum Umdenken zwingen. Jesus war vielleicht verheiratet – hatte Kinder. Oder hat er die auch nur heimlich besucht, sie verheimlicht?

Ich habe Freunde, die sind miteinander verheiratet, ich kenne Frauen, die würde ich mit ihren Gedanken als Rednerin gern in der Kirche hören, ich habe Freunde, die sind irrtümlich als Frau oder Mann auf die Welt gekommen – und konnten das korrigieren, sich für ein Geschlecht entscheiden.

Ich habe aus Respekt vor den ermordeten Revolutionären in Südamerika Hoffnung und Erleichterung gespürt, als der gepriesene neue Papst sein Amt antrat. Naja, weil er nett zu Kindern war, die es an seinen Betreuern vorbei bis zu seinem erlauchten Sessel schafften. Da war er freundlich.

Nachdem der Unbarmherzige das Zeitliche gesegnet hatte, kam der neue Papst, dem nur Freundliches nachgesagt und Hoffnungsvolles vorausgesagt wurde. Er würde etwas an den lebensfremden Vorschriften, mit denen die Kirchen umgehen, ändern.

Aber ich schrieb wenig später anders darüber, enttäuscht und von der Illusion befreit, dieser abgeklärte und überzeugend diesseitig wirkende Mann werde die umstrittenen Angelegenheiten der Kirche vernünftig überprüfen und sich in den Konflikten für das wahre Leben entscheiden. Es werden immer weniger Menschen, die sich von ausgedachten himmlischen Eltern vorschreiben lassen, welche von der Natur für sie passenden Bedürfnisse sie persönlich nehmen dürfen, für welche sie lebenslang Abbitte leisten sollen.

Die Männer der Kirche glauben noch immer, dass sie uns Frauen einen demütigenden Platz im Winkel zuweisen können und weiterhin damit durchkommen.

Die Kirche hat keinen ihrer Zwänge aufgegeben, und eben erfahren wir, dass sie es auch nicht vorhat. Es ist peinlich, dass sie uns an Gott abschieben wollen und Jesus als Erklärung für ihre eigenen inhumanen Dogmen missbrauchen. Das funktioniert schon lange nicht mehr. Deswegen geben immer mehr Menschen die Kirche auf.

> die Erde ist so klein geworden
> da lässt es sich nur als Nachbar leben
> dann jeder mit seinem eigenen Gott
> den er zu Liebe und Vernunft erziehen muss

Warum ich das geschrieben habe? Nicht, weil ich selbst in katholischer Familie geboren wurde. Und wohl auch so getauft. Das habe ich geglaubt. Es stimmte aber nicht.

Wir beide hatten amtlich geheiratet und waren damit 37 Jahre zufrieden. Und dann tauchte bei beiden gleichzeitig der Wunsch auf, uns noch einmal trauen zu lassen. Beim Standesamt wohl kaum und in der Kirche? Zwischen dem Friedhof und dem Elisabethkirchplatz gab es die im Krieg beschädigte katholische Kirche. Dort sollte ich getauft worden sein, weil dort in der Familie alles geschah, was frommen Segen suchte.

Seine nötigen Papiere lagen innerhalb einer Woche vor. Bei mir lösten Anrufe und Erklärungen gar nichts aus.

Also traten wir im Büro der heiligen Stätte persönlich an. Dort erfuhren wir, dass es sich nicht um eine katholische Kirche handelte, sondern um eine protestantische, beschädigt im Krieg und repariert, viel zu lange danach.

Am 2. August 2010 hatten wir dann im Französischen Dom unsere zweite Trauung. Und das Glück, auf diese Weise den jungen Pastor Frielinghaus erst mal zu treffen und dann im Dienst zu sehen. Nur Laura und ihr Verlobter, kurz danach auch Ehemann, waren dabei. »Aber die Liebe ist die größte unter ihnen ...« – diesen Psalm hatten wir uns gewünscht, und zufrieden tauchten wir beide in den Alltag zurück. Aber vorher gingen wir noch festlich zu Tisch.

Auf dem Foto sitzen wir im Nikolaiviertel in einer damals angesagten vornehmen Kneipe, sein Bier füllt noch das Glas und vom Wasser scheine ich auch nicht gekostet zu haben. Laura und René haben uns weiße Rosen auf den Tisch gestellt, und ich sehe Ihn, den noch einmal gesegneten Meinen, nicht gerade grinsend, aber irgendwie glücklich an.

Aber das Restaurant hatte ich gewählt, weil es dort exzellente Steaks geben sollte, mehr so französische, zart gebratene, auf den Punkt, irgendwie ...

Die gab es nicht. Nach Forellen habe ich nicht gefragt. Ich denke, die gab es auch nicht.

Wir folgten der Empfehlung aus der Küche und gingen anschließend, böse Blicke werfend, mit uns zufrieden, nachhause und bedienten uns aus dem Kühlschrank.

Aber Laura und René hatten weiße Rosen auf den Tisch gestellt, nein, auf die Damast-Tischdecke von zuhause. Und sie hatten in der Kirche aufmerksam zuge-hört. Das war schön, aber wir taten ihnen auch leid, um die Romantik vorher und die Nüchternheit jetzt.

Sie haben geheiratet, und wir haben es uns nicht neh-men lassen, die gesamte Vorbereitung unter das neue Motto zu stellen: »Wenn's nicht zu spät kommen soll, musst du es zu früh machen.«

Trauspruch für Laura und René:

Guckt ruhig mal himmelwärts
Schöne Nachrichten sind heute besternt
und weniger entfernt
die Nacht hat vier Augen
und zweimal ein Herz.

Unsere Argentinier

Als meine Enkelin Laura erwachsen war, fuhr sie mich bei Tourneen, bereitete vor und nach, und wir hatten eine Zeit der engen und harmonischen Zusammenarbeit. Ein geduldiger Verlobter und noch kein Kind, da konnten wir uns schön überanstrengen.

Mutter Natur hat mir dies und jenes mitgegeben, anderes versagt. Sehr markant zum Beispiel jede Lust an Ausgelassenheit in der Menge, auch wenn es Fußball ist. Neben meinem Mann habe ich durchaus öfter auf den Bildschirm geguckt und versucht, zu jubeln oder zu fluchen.

Aber die Abseitsregel habe ich bis heute nicht verstanden. Und ich kann mich nicht erinnern, dass je ein Mensch neben mir gesessen hätte, den es kalt ließ, ob das Runde ins Viereckige gelangte. Es ist ja kaum zu glauben, welche Gefühlsstürme sich auch bei sonst kargen Männern offenbaren.

Ich bin dann ein Stiefkind des Glücks und trolle mich. Selbst als ich die Ehe-Dialoge schrieb, musste ich mich für diese Stelle erkundigen und ließ den Ehemann antworten.

Neulich kam ich einmal dazu, als es um die letzten zwei Minuten des Spiels ging. Einer der Spieler lacht, läuft mit ausgebreiteten Armen sehr schnell auf der Außenlinie und dann quer über das Spielfeld. So gelöst, so heiter. Als ob er fliegt, ganz mühelos, und ohne jemanden anzurempeln, rennt er auf den gegnerischen

Boden zu und befördert den Ball mit gehobenem Fuß ins Tor.

Für einen Moment scheint die Welt nur aus einem großen Lachen zu bestehen. Ich stehe noch immer mitten im Zimmer und lache mit, auf die Gefahr hin, dass ich den Gegner feiere. Aber es tat mir gut, so zu lachen und mich mit anderen zu freuen – und die haben sich gefreut. Also kann Fußball glücklich machen, und wenn nicht, dann liegt es an mir.

Wenig später rief mich eine Schauspielerin an und bat um Übernahme einer Veranstaltung zur Jugendweihe, weil sie verhindert war. Ich sagte zu, das ist üblich, andere machen das für mich auch. Worum ging es?

Um eine Abschlussfete, aber mehr wusste sie auch nicht. »Fahrt rechtzeitig los, wegen Fußball.« Ende der Nachricht, über Fußball wussten wir nichts.

Wir erlebten vor Ort ein Bienenhaus. Zwei Schulklassen bereiteten sich, stark abgelenkt von ihren eigentlichen Wünschen, auf die ganze Kultur vor. Wer war vorgesehen? Keine Ahnung. Unser Zweifel wuchs, als wir sahen, dass im sehr großen Tanzsaal vielfältige Vorbereitungen unter riesigem Lärm einander im Weg standen. Ich konnte mir nicht vorstellen, dass dieses Kuscheln, das Schminken und Rennen, Rufen und Lachen meinen Auftritt ankündigt. Und wie hier jemand eine Rede zu Gehör bringen sollte, das leuchtete mir erst recht nicht ein. Die jungen Leute freuten sich vor, das war unübersehbar. Aber doch auf die Geschenke, die waren noch nicht übergeben worden. Die großen Kinder deutelten an Bemerkungen herum, die das Rätsel des zu erwartenden Geschenkes lösen sollten. Oma und Opa waren besonders geneigt gewesen, schon mal was rauszurücken, aber dann eben doch nicht, also bis nachher.

Sie warteten auf ihren ersten Ball, den ersten von den Eltern und Lehrern für sie arrangierten Ball. Nun kamen auch schon Musiker zur Probe.

Für uns interessierte sich nicht einmal der Kater, der auf der Fensterbank saß.

Wir hatten dort nichts zu suchen. Undenkbar, ein Honorar zu nehmen für nix als unsere Anwesenheit als Störfaktor.

Die Chefin verstand das, versuchte nicht, uns aufzuhalten, hinter uns schlossen sich die Reihen. Sie war jetzt verlegen. Erklärte uns aber eindringlich, wo wir hingehen könnten: »Die Straße runter gibt es ein wunderbares Restaurant von zwei Argentiniern, sehr gefragt. Allerdings«, sagte sie, »heute spielen ja die Argentinier gegen uns, da is' vielleicht sehr voll, ach, die beiden machen das schon.«

Wir gingen und kehrten ein in das völlig leere Restaurant der beiden freundlichen Argentinier. Einer von beiden erklärte uns, dass nachher alles voll wird. Sein brüchiges Deutsch konnte nicht verbergen, wie vorfreudig und glücklich sie beide waren.

Da er keine Anstalten machte, uns wegzuschicken, setzten wir uns und warteten auf den Ansturm der Gäste, bereit, Platz zu machen. Draußen stand unser persönliches Auto, wir konnten nachhause fahren.

Auf dem Bildschirm im Restaurant erschien um 15 Uhr die schöne Meldung, dass nun das Spiel Argentinien gegen Deutschland – oder umgekehrt, das weiß ich nicht mehr – stattfindet.

Aber Gäste waren bisher nicht gekommen. Also bestellten wir uns etwas zu essen, das schmeckte gut, wir waren den Männern gewogen, sie uns wohl auch. Vielleicht würde Argentinien am Abend noch mal spielen, dann vor vielen Gästen? Und wieder gegen Deutschland? Kann sein, dachten wir, aber wir fragten die Argentinier lieber nicht, denn vielleicht wussten die es auch nicht.

Wenig später schoss Deutschland ein Tor, gegen Argentinien. Wir versuchten, kein Gesicht zu machen, aber dann sahen wir, dass die beiden Argentinier sich auf die Schulter klopften, lachten und uns anstrahlten.

Im Verlauf unserer Anwesenheit gab es noch zwei Tore für die Deutschen und jedes Mal die ungebremste Heiterkeit und die laute Freude der beiden Männer.

Wir verschwanden noch vor dem Ende des Spiels und grübelten auf dem Heimweg, ob es sich vielleicht gar nicht um Argentinier, sondern um Bulgaren oder Italiener handelte. Ich weiß es bis heute nicht. Aber mein Mann sagte zuhause, dass es auf dem ganzen Erdball, verstreut, sehr wunderbare Menschen gibt, die werden gegen Stress ausgeliehen, und gerade bei Fußball.

Wir hatten keinen Schaden, zu dem Spott gepasst hätte.

Es könnte doch sein, dass andere Menschen auch eine eher eingeschränkte Vorfreude erleben, wenn man ihnen zumutet, sich in einen Raum zu begeben, sich dort hinzusetzen und dabei in Vergnügen auszubrechen, während man einer anderen Person zuhört, die nicht singt und nicht tanzt, sondern etwas vorlesen will? Vielleicht sogar sehr lange?

Ich werde ja auch hoffnungslos müde, wenn mir jemand Teile seines neuen Romans erzählen will, gar noch jedes Wort aufführen. Und ich soll dann bereit sein, über das Gehörte in einen bereichernden wörtlichen Austausch zu treten.

Die Angst, irgendein Menschenkind auf dieser Erde zu langweilen, verfolgt mich schon viele Jahre.

Ja, bis ins Alter, das doch angeblich so reich ist an Angeboten, eben dies zu unterlassen. Ich habe immer Angst, dass die Menschen sich fragen, warum sie nicht zuhause geblieben sind.

Dieser ganze Liebesquatsch

»Das Beste im Menschen sind seine jungen Gefühle und seine alten Gedanken ...«

Das hat der französische Moralist Joseph Joubert gesagt. Vielleicht stimmt das.

Ich wollte eigentlich schon lange mal über meine Lieder reden. Mir fällt gerade nicht viel ein, wollte ich sagen, und dann solltest du mir erklären, woran das liegen könnte.

Also: gebeten hast du mich nicht, mein Herz auszuschütten, aber rüde abgelehnt hast du es auch nicht. Anderen sagen wir ja auch manchmal was ins Gesicht: »Wir haben uns schon oft den Kopf zerbrochen über deinen Blödsinn. Bei dir ist ja immer was los. Eine geht, eine kommt und zwischendurch ist keine da, lieber Freund.« Stimmt nicht, würden wir auch so nie sagen, aber vielleicht sind andere schuld, oder niemand?

Warum fallen dir momentan keine Lieder aus dem Ärmel?

Frauen werden noch immer bedroht, immer, Tag und Nacht. Darüber wolltest du doch schreiben. Ja, unterdrückt! Nicht nur von gewalttätigen Herrschern, von Rechthabern jeder Richtung, sondern von alter Erfahrung, dass es Seit' an Seit' niemals klappen kann. Daraus könnten doch Lieder werden.

Hab ich alles schon besungen. Aber Frauen sind nicht so, wie du das gern möchtest. Die verdienen so 'ne Lieder nicht.

Welche?

Die ich für die geschrieben hätte. Guck doch mal hin ... wie sie in alte Latschen steigen, oder in Stiefel nach verlorener Schlacht, dann ist doch eines klar: Frauen sind nicht die besseren Menschen, wirklich nicht. Alleine ist es unerträglich. Aber der Mann an sich ist nicht das eigentliche Problem. Nein.

Hm. Und um was geht's wirklich?

Es geht darum, dass bis heute nur Hänschen klein begriffen hat, warum es mit anderen Menschen zusammen nicht geht. Darum ging er in die Welt hinein. Hinaus, müsste es korrekt heißen, denn er geht ja weg, und zurück kommt er erst viel später.

Aber Mama natürlich, wie immer, konnte nicht warten, bis der Sohn sie mit der Prinzessin zur Hochzeit abholt, aber bei mir mit ihr war alles ganz anders und genauso. So einsam wie manchmal mit ihr war ich nur in den Alpen. Da hast du mir auch nicht geholfen, du warst gar nicht dabei. Unverzeihlich.

Mitten in meinem Leben
kam er daher
tragend an Wunden und Reue
der anders behaarte
gewappnet männlich hinter seinem
länglichen Vortrag

Aber so ein eindringlicher Blick
die große Zehe schön geformt
setzt er seinen Fuß auf mein Land
seine Hände haben geheilt
seine Worte mir manches nachgeholt
er machte mich stärker
so, dass ich zu Ende geboren war
seine Seele ändert er wie ich die meine
so haben wir zum Bleiben
und gehen gemeinsam dem Ende zu

Oktober 1984

Danke, lieber Kurt Hager,
damit hatte ich nicht gerechnet. Eben erst ins Amt gewählt, den Kopf voll mit der nötigen Nacharbeit, an Vor-
lauf ist nicht zu denken – und da schickst Du mich mit
meinen Amtskollegen, den anderen Präsidenten unserer
Verbände, in die weite Welt, in die ferne östliche Wind-
richtung, und ich wusste nicht, ob ich mir eine Ausrede
gönnen sollte, denn ich war nicht sicher, ob das gehen
kann, die mir alles für das Amt Wichtige an Erfahrung
voraushaben.

Ich war unterwegs mit ihnen, und sie haben Rücksicht genommen auf meine Unfähigkeit, einen Flug zu
genießen, sie haben mir viel geraten, ich habe einen sehr
großen Apfel essen müssen, Jochen Hoffmanns Hand
halten, sie haben mir ihre eigenen harmlosen Rezepte
zur Verfügung gestellt, mich auch in der Ausstellung –
vor dem Bildnis von Judith und Holofernes – eine ganze
Weile allein gelassen. Ich habe das Kunstwerk nie vorher
so gesehen:

Da steht sie nun und hat alles falsch gemacht und
wird es besser wissen und nicht ändern können, und
also auch nicht leben mit einer Liebe im Herzen und als
Mörderin. Mir war, ich müsste das Bild abnehmen und
es über den Alexanderplatz tragen. Als Mahnung, als
Warnung vor einem Über-Mut, der sich durch die Geschichte zieht. Entschuldigung, Thema verfehlt, aber
daran hast Du mich gewöhnt – verwöhnt! »Sag, worum

es dir geht ...« Das musste ich bisher noch nie bereuen. Du hast manchmal über meine Feuermeldung die Stirn gekraust, mir aber immer geholfen, manchmal gegen den Strich und immer, wenn es um andere ging, die Du nicht kanntest, und ihr Problem wolltest Du eigentlich so genau nicht wissen.

Nun war ich mit klugen Männern unterwegs, jeder von ihnen ein Präsident für einen Teil der Kunst, jeder hatte seine Krisen hinter sich, oft gerade wegen der scheinbar hohen Position, auch davon war unterwegs die Rede, aber nur, als es hinpasste.

Den bekannten Hypochonder unter ihnen habe ich auch erlebt, ja, er hat Angst vor Ansteckung, aber er ist kein Spinner. Die Eindrücke sind noch sehr frisch. Ich will sie in die Arbeit bringen und Flüchtiges ablegen. Aber der Ärmste ist auch diesmal, mit einer fiebrigen Grippe, vorzeitig nach Hause geflogen. Über unseren herzlichen Abschied war er beruhigt und wirklich krank.

Nicht alles war schön, unvergesslich, nicht alles entsprach meiner Vorstellung von Taktgefühl – im anderen Land.

Gibt es eine Art Befehl, dass bei unserem Erscheinen alle anderen Fahrzeuge Platz machen müssen? Auf die Gefahr hin, dass sie im Straßengraben landen?

Peinigend. Noch eine Frage: Ist es einem Minister für Kultur erlaubt, jeden Abend besoffen zu sein, bis die »Untergebenen« ihn aus dem Raum schleifen? Es ist mir sehr schwergefallen, da kein Gesicht zu machen und nichts zu sagen. Meine ehrwürdigen Männer konnten auch nichts machen – sagen schon, aber da wurde uns bedeutet, dass wir still sein sollten.

Wir haben Peinliches erlebt, aber ich glaube kaum, dass ich Dir da etwas Neues sage.

Peinlich war, dass wir in einer kleinen Stadt vor eine Kirche gefahren wurden, wo für uns ein Picknick veranstaltet werden sollte. Ältere und alte Frauen hatten sich in Erwartung der Gäste dort hingestellt und hatten schöne gehäkelte Umschlagtücher ausgelegt.

Als sie die Autos und die Begleiter sahen, hatten sie Angst. Sie boten uns die kostbaren Tücher zu einem unglaubwürdig niedrigen Preis an. Wir kauften sie nicht, denn die Frauen waren nicht bereit, mehr Geld zu nehmen.

Alles war eine Nummer zu groß, zu laut, zu aufwendig, war vielfach Verwöhnen statt Versorgen, machte ein schlechtes Gewissen und Unruhe.

Wir fanden unentwegt Hinweise darauf, dass es den ganz normalen Leuten nicht beruhigend gut ging. Zwischen dem Ton uns gegenüber und im Vergleich dazu untereinander hätte eine Welt Platz gehabt. Ich werde das nicht noch einmal haben wollen. Es gibt keine Chance, sich dabei gut zu fühlen.

Wir waren drei Frauen. Die schönen Tücher vom Platz vor der Kirche lagen am nächsten Morgen als Geschenk auf unserem Bett. Wir hatten das nicht erwartet und konnten es nicht abwenden.

Aber ein Erlebnis hatten wir, das mir wirklich nahe ging. Das Haus, in das wir eingeladen wurden, war sehr bescheiden. Bescheidener als jedes andere, in dem wir Gäste waren.

Mir riss beim Eintreten erst mal die neue Kette aus Holzkugeln. Peinlich, mehrere Menschen krabbelten auf dem Fußboden, um die Stücke zu suchen.

Wie gesagt, bescheidener Tisch, Mischka-Konfekt und für jeden eine Tasse Kaffee.

Der älteste Anwesende war dreiundachtzig Jahre alt. Ehemals General, ehemals Kulturoffizier bei uns im

Osten. Die anderen Männer waren jünger, keiner mehr jung, keiner mehr Soldat; aber alle waren in ihrer Jugend Kulturoffiziere. Sie waren nun Professoren im Ruhestand, Künstler, Wissenschaftler. Die meisten von ihnen sind krank vom Soldatenstand nachhause gekommen, aber sie zeigen noch immer Neugier auf das Leben, sind gelassen und sogar lustig.

Sie hören der Dolmetscherin höflich und interessiert zu, aber wehe, sie übersetzt ein Wort ungenau. Da mussten wir lachen, denn sie sprachen durcheinander und hatten ohnehin jedes Wort verstanden.

In so einer Atmosphäre scheint die unheile Welt auf einmal klein und behaglich zu werden, als wäre es in Ordnung, dass sie einst in der Fremde die Kultur bestimmt haben. So gut das geht, so gut es ging. Falls es überhaupt war. Nach der großen Zerstörung, dem unbarmherzigen Wüten und allen Folgen davon.

Sie haben Deutschland verlassen, aber den Lebensfaden mit der anderen Kultur nie abreißen lassen. Sie kennen unsere Kunst auf dem neuesten Stand und unsere aktuellen Auseinandersetzungen auch. Sie lesen unsere Zeitschriften, und Briefe gehen hin und her. Nicht nur, sie erzählen auch von gegenseitigen Besuchen.

Als ich in meiner neuen Funktion vorgestellt wurde, riefen sie sofort in meine Richtung: »Ah, etwas Neues, was ist das, was machen Sie da, Genossin, was wird das werden?«

Ach, jetzt hier bleiben und nicht länger Zeit verschwenden beim andauernden Fressen und viel zu vielen Eindrücken oberflächlicher Art.

Jetzt den einen oder anderen festhalten, nachfragen, sich einlassen auf Erkundung: ihnen, ihm Geschichte abverlangen. Wie viel da über uns zu erfahren wäre. Wir als

Feinde – als Freunde? Sie sind als Zurückschlagende und als Eroberer zu uns gekommen, und dann sollten sie, nach diesem mörderischen Krieg gegen die Ihren, später aus ihren Studien und aus ihrer Bildung heraus, die Fäden zu unserer humanistischen Vergangenheit neu knüpfen. Niemand von uns würde es wagen, nach den Opfern in ihren Familien zu fragen. Wie viele von euch sind bei uns gestorben – und wie soll das je heilen.

Es ist schwer, nicht zu fragen: Wie war es, und was hat es dich gekostet, und wie waren die Missverständnisse, die Irrtümer aus eurer Sicht?

Zuerst habe ich mich innerlich gewehrt. Ich hatte Hemmungen, diese Herzlichkeit anzunehmen – und wie denn sollte ich sie erwidern? Dieses Lachen, dieses Wissen, diese Vertrautheit mit denen von uns. Wie denn? Und wer gibt uns das Recht, jetzt hier so entspannt mit unserer Tasse dazusitzen und Antworten zu geben auf Fragen, die eigentlich keine sind, denn sie wissen, wovon wir glaubwürdig oder ausweichend reden. Zwei von uns sprechen russisch, wir anderen sind auf das Deutsch der Gastgeber angewiesen.

Ich möchte genießen, das Geschenk dieser Begegnung offenen Herzens erwidern. Aber mein Kopf zeigt mir den Ladoga-See. Ich sehe es nahe vor meinen Augen, das Denkmal für die Kinder, die von freiwilligen Fahrern aus Leningrad dorthin gebracht wurden, sofern sie selber im Lastwagen überlebt hatten. Diese vorerst geretteten Kinder wurden auf einen Dampfer gebracht – und unterwegs zum anderen, vielleicht rettenden Ufer, wieder bombardiert und beschossen. Kleine weiße Hütchen schwammen auf dem See, hat mir der damals neunzehnjährige freiwillige Fahrer Micha erzählt – ich kann es mir vorstellen.

Die Männer haben alle noch ein Gläschen geleert oder genippt oder so getan, und zum Abschied haben wir uns umarmt. Im Hotel war mir, ich müsse umkehren, zurück zu diesen Männern, und alles sagen, was uns die Kultur gerade so schwer macht. Aber ich dachte auch, dass sie es wissen. Das zu denken, war Respekt, war mein Dank an diese Männer.

Leicht ist es nicht gewesen
wo wir einander am meisten brauchten
das war, als die Trümmer noch rauchten
als wir beschämt das Brot
der hungrigen Sieger nahmen
als wir Hoffnung aus Wörtern hörten
in all dem wie auf ewig Zerstörten
gab kaum Männer, kein Hand in Hand
die ausgedörrten Leiber der Weiber
bückten sich, enttrümmerten mit nackter Hand
von einem Zuhause träumend,
noch nicht von einem Vaterland

In all dem Aufbruch und Umdenken
war das eigene Wägelchen mitzulenken
und da, Schwestern
war die Richtung so leicht nicht zu finden
immer die Angst, sich zu binden
in der Not, die währte

ich hab erst lange danach gelernt
die erste Seite der Zeitung zu lesen

all diese Ängste um einen, der bleibt
den es nicht heimlich in die Welt raus treibt

wenn du dich dann einmischst
deine Meinung ängstlich-mutig hinklotzt
kommt's vor, dass du nicht in den Spiegel glotzt
da öffnen sich anders Auge und Ohrn

leicht ist es nicht gewesen
aber ein Anflug von Geduld
und einer, dem man zuhört am Rednerpult
zuhause einer, der zärtlicher herzt
gab auch Verrat
der hat von den Eignen bitter geschmerzt
war oft, um aufzugeben
aber so war der Anfang eben
leicht, nein, leicht ist es nicht gewesen

In der Ferne – Irgendwann

Ich werde eine Pause finden, mitten in der Arbeit wird sich ein Zeitfenster auftun, nur für mich. Ich werde durch die Gärten der Welt spazieren und Freunde in ihren Oasen besuchen, jetzt oder nie.

Alt wollte ich immer werden, nicht ältlich. Es zeigt sich aber, und ich muss mich wehren.

Ich habe mich immer für Klatsch interessiert – das gehört zum Leben, zur umfassenden Information über alles vor der eigenen Tür. Es muss ja nicht sein, dass ich dringende Ratschläge weitertrage. Ich denk gar nicht dran.

Es kann auch sein, dass ich mich irre. Vielleicht ist es gestillte Unruhe, dass die Luft um mich dünner zu werden scheint. Es werden weniger lästige Nachfragen, höchstens noch einmal in der Woche will jemand ganz genau wissen, ob ich da oder dort schon gewesen bin, oder auftauche, wann genau, und warum eine ihm sehr bekannte Sängerin meinetwegen nicht nach Furtwangen reisen und dort auftreten durfte, wo sie doch schon Erfolge vorweisen konnte, sehr viele.

Ich kenne die Bekannte nicht, das ist schade, wo sie mir doch geschrieben hat, weil ich ihr Texte schicken sollte, aber sie hat sich dann nicht weiter getraut, weil man ihr gesagt hat, das kostet so viel Geld, wie sie nicht hat, das wollte sie ja erst in Furtwangen verdienen, damit sie es mir geben kann.

Das Schicksal hat unseren Mordsdeal verhindert.

Aber ich will ja in die Gärten der Welt gehen und alte Freunde besuchen – oder erschrecken? Da steh ich auf einmal tatsächlich am Zaun, nach so langer Zeit, und kann mich zu wenig erinnern, was inzwischen alles passiert ist. Ja, vielleicht, und ich will es, aber ich kriege mich nicht gutgelaunt und voll informiert hier durch eure kleine Gartentür. Ich sollte nicht hier sein, denn ihr habt uns gekannt, wir euch. Was soll ich sagen? Wie klingt das in euren Ohren?

Ich will einen Frühling und brauche einen neuen Prüfstand.

Ich muss wieder einmal die Blicke auf das Wesentliche richten. Kein Gehampel, keine versöhnlichen Worte über die Atmosphäre in unserem großen Abgeordnetenhaus. Jetzt könnte ich sagen, wie froh ich bin, dass ich 1995 den Vorschlag der sächsischen Frauen abgelehnt habe, in Bonn »für unsere Rechte« einzutreten.

Einer, der es sehr gut mit uns meinte, hat gesagt, ich soll's machen, dann wäre meine ganze große, noch nicht trittfeste Familie versorgt, und gemacht werden muss es ja sowieso.

Ich sollte also abhauen in ein Leben von vielleicht und andererseits und bestimmt irgendwann und erst mal sehn?

Der alte damals abgetretene Bundespräsident hat uns die Frage gestellt, warum wir so wenig Freude zeigen. Ob wir zu schwach sind, das »ganz Andere zu ertragen«. Er meinte damit die ganze Freude, die ganze Freiheit, die schönen Landschaften, Zeitungen, Orte. Ein anderer Vorschlag, ein anderer Weg! Wohin?

Das könnten wir aushalten, heute noch. Nicht aber eine andere Auslegung solcher Gesetze, die es gestern noch gar nicht gegeben hat, Missbrauch von Macht, angestrebte Allmacht und Verluste, die wir uns nicht ausgedacht hätten.

Viele Leute sagen mir, wir können doch gar nichts machen. Diesen Satz kenne ich schon zu lange. Er war immer eine Ausrede.

Es könnte eine Erde geben, die Nahrung und gesundes Wasser und Raum genug hat, um dort würdevoll zu leben und zu sterben.

Die Menschen könnten glaubwürdige Verwalter sein. Sie müssten sich nicht gefallen lassen, dass ein Einzelner, möglicherweise Vollidiot oder hartherziger Kriegsherr, Zugang zu einem Roten Knopf hat, den es besser nicht geben würde. Und wenn ein Mann seinen Mann heiratet, eine Frau ihre Freundin, dann würden Menschen, die beide gut leiden können, ihre Schuhe vielleicht abstreifen und mit nackten Füßen tanzen und feiern. Und alle, alle wären sich einig, was Kinder brauchen und dass ein jedes es bekommen muss. Vielleicht würden wir einander beichten, wie wir uns für hungrige, für missbrauchte und zu wenig geliebte Kinder geschämt haben, wie wir es nicht aushalten konnten, dieses brennende Wissen im Kopf, und deswegen sind wir aufgestanden und haben »das ganz Andere« wahr werden lassen.

Noch eine Frage habe ich mir gestellt: Ist eine Religion von ihrer Entstehung her lebensfremder als eine andere, oder ist es nur die Auslegung, das ihr innewohnende Potential, das sie zur Waffe macht?

Im Zweifelsfall müsste es immer heißen: Wir haben zugelassen, dass ...

War es schon einmal anders? Ja, aber nie für lange genug.

Ich war nicht in Bonn, eigentlich noch nicht mal in den Gärten der Welt.

Wenn die Phantasie rostet
fragt man sich
was das wohl wieder kostet
wir haben zu lange leichten Sinnes gehandelt
Wetter und Wald haben sich verwandelt
der Herbst gleicht dem Sommer
dem Winter zugleich
als wir noch arm warn
waren wir reich

Mein Ich an dein Du

Glück müsste man haben. Andere tippen einmal mit ihrem blöden Finger auf eine Zahl und haben den Hauptpreis.

Mit dem großen Glück – das geht so: dass man es unbedingt will und beide Augen weit öffnet gegen erwarteten Widerstand, gegen jedes Nein und ungerechten Aufschub.

Nur wenn du selber daran glaubst und bereit bist, auf einen Teil vorgehabter Entlastungen zu verzichten, wenn du weißt, es wird dich deine Zeit und Kraft und einen Teil deiner Schönheiten vorübergehend kosten – aber es wird sich lohnen –, dann musst du es nur noch machen.

So wie alles aus dem nüchternen Alltag, dem politisch ärgerlich Alltäglichen – und alles aus dem stillen Kämmerlein der besseren einfachen Möglichkeiten.

Mit dem großen Glück, das ist so: Du musst es machen.

Wir haben es versucht, wir haben es gemacht und werden es zusammen immer wieder versuchen.

Auch wahr

Niemand fällt im Ernstfall tiefer als der Gutgläubige. Jener, der den eigenen Ohren und dem eigenen Hirn traut, Gegenargumente nicht gelten lässt, um selber nicht dumm auszusehen – den meine ich.

Es gibt fast immer Linderung, Trost. Manchen aufrechten Gefährten habe ich reden hören, eigentlich mit zwei Zungen, und er nannte »andererseits«, was er selber gar nicht gedacht hatte und nicht gesagt, er hatte nur eben alles von anderen Gedachte und Gesagte widerlegt.

Wir waren Verflochtene in den gleichen historischen Versuch, haben ihn auf unterschiedliche Weise erlebt, überlebt, hatten Narben oder Beulen, die uns nicht nur der Gegner in den Helm schlug.

»Gutgläubig« meint, dass man mitlatscht, ohne eigentliche Überzeugung.

Wer aber soll mir glauben oder gar folgen, wenn ich keine Ahnung habe, in wessen Gruppe ich gerade schlurfe?

Einmal, an einem 1. Mai, war ich Teilnehmerin im Block der Mitarbeiter aus dem Rathaus Pankow. Rings um mich her wurde sehr viel geredet. Ich habe schon immer gern zugehört. Danach habe ich einen Monolog »Kampfdemonstration« geschrieben, mit auf dem Spaziergang oder der Demonstration gehörten Sprüchen, und habe den Text an den Eulenspiegel geschickt. Er wurde gelesen und gedruckt. Und ich wurde zu einem Gespräch eingeladen.

Ein schönes Gespräch, und danach war ich für zwei Jahre im angesehenen Blatt als Kulturredakteurin tätig. Ich liebe jeden Gedanken daran, jeden an meine Kollegen und besonders an die ziemlich unbequeme, sehr gescheite, sehr mutige Freundin und Kollegin Renate vom Stamme der Holland-Moritzen.

Sie nahm kein Blatt vor den Mund. Sie hat kaum je ein paar schützende, abschwächende Vokabeln gesucht, wenn sie sich vorgenommen hatte, etwas gradezurücken: selber äußerst sensibel, in keiner Weise aufgeschlossen gegenüber einem Einspruch, vielleicht gar einem Widerspruch.

Aber sie hat mich unterstützt, erst einmal herauszufinden, wie ich das schaffe, was von mir erwartet wird. Eigentlich mochte sie andere Frauen nicht wirklich. Die waren ja alle Konkurrentinnen. Aber in den dienstlichen Versammlungen und Aussprachen war sie Spitze: ehrlich, witzig und oft nicht ungerecht. Mich hat sie erst beobachtet, mir dann einige kostbare Tips gegeben, und während der ganzen Zeit, also über Jahre, hat sie mir nur übelgenommen, dass ich ihre Kinoeule übernommen habe, eigentlich schreiben musste, weil sie wegen Krankheit abwesend war.

Sie war damals sehr schlank, ich nicht.

Das war ihr ein großer Trost. Dafür habe ich schmerzende Bemerkungen einstecken müssen.

Und ich hatte ihrem Vorschlag zu folgen, Mitglied der Partei zu werden, mit ihr als Bürgin, also Antrag und dann ein Wartejahr unter ihrer Führung.

Sie war nicht gut zu leiden, wenn sie jemanden nicht akzeptierte. Und ganz leise, ganz sensibel, wenn man sie mal für sich allein hatte und sie sich nicht vorsah.

Für meine Menschwerdung als vorher unterdrückte Gefährtin kam sie im richtigen Moment und hat mir einiges für die Arbeit und fürs Leben beigebracht. Und eins hat sie nie getan: Sie hat meine Arbeit nicht angetastet. Vielleicht hätte sie manches lieber selber gemacht, möglich. Aber sie hat mich zugelassen. Ich durfte mit Kuddel Klamann die Herstellung unserer beklagenswerten Bekleidung für Damen vom ersten Faden bis zum Modell bei der Messe in Leipzig untersuchen, und es war sehr belehrend, diese gemeinsame Reise. Woran ich bei seinen Schilderungen immer gezweifelt habe, erlebte ich neben ihm. In jeder Stadt, in die wir zwecks Reportage einkehrten, warteten bildschöne junge Mädchen darauf, dass er sie fotografiert und berühmt macht, und was weiß denn ich, was sie sich, den Eindrücken durch seine erotischen Zeichnungen folgend, mit ihm hätten denken können. Noch ein Kompliment an Kuddel: Sie warteten alle vergeblich. Bei der Arbeit ließ er sich nicht ablenken.

Ich durfte mit Louis Rauwolf den Trabant in Zwickau aus der Taufe heben. Die Schöpfer waren sehr übellaunig und ließen kein gutes Haar an dem Fahrzeug. Und ich habe mich dumm gestellt, naiv. Ließ mir alles genau erklären, den ganzen Frust, wegen der gefährdenden Scheiben vorne und einem nicht vorhandenen Hebel zum Umschalten auf Reserve. Ich habe nichts von meiner Fahrerlaubnis in der Tasche gesagt. Für beide Reportagen gab es die Mittelseite und einen Ansturm der gekränkten Arbeiterklasse, nach deren Vertretern der Chef uns zu entlassen hatte, was mit einem künftigen Berufsverbot gekrönt werden sollte.

Eines der schönsten Erlebnisse im Eulenspiegel war, unseren Chef Peter Nelken bei diesen »Besuchen der

Arbeiterklasse«, so legitimierten sie sich wirklich, zu beobachten.

Er hat niemanden im Regen stehen lassen. Sein schöner Spruch war:

»Wenn auf dem Chefstuhl hier einer länger als zwei Jahre sitzt, muss er was falsch gemacht haben.«

Auf nach Pichelsberge

Die Großeltern wohnten am Elisabethkirchplatz, und wir als Familie des ältesten arbeitsscheuen Sohnes hatten uns frech noch hineingepresst, in jedes schmale Wandbett rutschte noch einer von uns, ans Fußende vom Sofa und in die winzige Küche zum Hof raus.

Aber wenn der Sommer kam, bot sich die Chance für Weite, Natur und Genießen. Wer mitwollte aus der großen »Familie Gänseklein« gesellte sich vor der Tür von Opas Schneiderladen dazu.

Wir liefen los, bis zum Stettiner Bahnhof, die Invalidenstraße entlang – warum sich alle wie zu einem ersehnten Ziel hin beeilten, weiß ich nicht. Eine Treppe hinunter, wir sollten rennen, dann standen wir auf dem Bahnsteig. Der Ausflug begann.

Wenn die S-Bahn losfuhr, wurde mir übel, jedes Mal. Da musste während der Fahrt die Tür ein Stück aufgerissen werden, und mein Kopf wurde ins Freie gehalten.

Irgendwann standen wir dann tatsächlich auf dem Bahnsteig Pichelsberge. Wir Kinder mit leeren Händen, die Männer auch, die Frauen schleppten die Taschen und ein paar Decken.

Die Männer haben in meiner Erinnerung bis dahin nur gemeckert und geraucht. Onkel Kurt sollte immer möglichst nicht mitkommen, weil er nur Blödsinn im Kopf hatte, und es würde bei uns Kindern mit Tränen und den Großen mit Zank enden. Wir liefen mit meinen Kopfschmerzen und unserem seltsamen Gepäck in sengender

Sonne immer sehr lange. Die Straße lang, Wege, die am See vorbeiführten, aber sehen konnten wir den eigentlich nicht. Bis wir an einem Stück Wiese landeten, das noch nicht belegt war. Es bot keinen Schatten, aber an seinem Rand den See. Viel konnte man nicht sehen, also nicht die ganze von hohen Pflanzen abgedeckte Fläche, aber wir waren »draußen«, und die Frauen packten aus. Ein paar Pullen mit Muckefuck, das war das sparsame Getränk, aber so vornehm hätten wir das nicht genannt. In ausgewaschenen Gläsern für Marmelade war entweder Kartoffelsalat oder Pudding. Und Stullen waren in Zeitungspapier eingewickelt worden, dicke, sättigende Stullen, die ich, nach kurzem Umweg über meinen Magen, aber immer dort lassen musste. Pudding gab es später, wenn die Sonne am höchsten stand.

Wir durften unsere Kleidchen ausziehen, aber einen Badeanzug hatte niemand.

Ins Wasser ließen die Erwachsenen uns nicht, nur mit den Zehen ein bisschen buddeln, am Rand des Wassers, das der See auswarf.

Die Männer hatten einen Ball. Keinen großen, aber sie warfen sich den zu und lachten dabei viel; mit dem Ball, beim Rauchen und Rumrennen. Gespräche?

Worüber? Über 21 Pfennig Fahrgeld, Übelkeit, nicht ins Wasser dürfen? Wohin mit meiner Sucht, zu lesen, mit meiner Übelkeit, mit meinen beobachtenden Augen. Ich hatte zu leiden, aber wütend war ich eigentlich nicht. Ich wurde mir keiner Liebe bewusst, zu keinem, der dort mit uns lungerte, aber ich hätte auch nicht gewusst, was ich ihnen abverlangen könnte. Ich galt als ziemlich zickig, hielt mich, nach unbewiesener Meinung, irgendwie raus, man kam nicht an mich ran ... Eigentlich war nur die Zeit totzuschlagen.

Mir fällt gerade jetzt auf, dass niemand eine Uhr hatte. Jedenfalls keine für das Handgelenk. Opa liebte Uhren, seine geliebte Kuckucksuhr hing in seinem Arbeitsraum, das Wort Atelier will mir nicht in die schreibenden Finger gelangen, und vielleicht ist es ja auch nicht wichtig, aber bei den Großeltern zuhause musste man immer fragen, wenn man irgendwo pünktlich sein wollte. Und wir, am Alex zuletzt, in unserer Wohnung aus zwei Zimmern für sechs Personen, hatten auch nur eine Küchenuhr an der Wand. Wenn das in Pichelsberge zu gar nichts gut war, und ich Jahre später, im Innviertel, beim ganztägigen Hüten von elf Kühen auf glatter Wiese, ohne Getränk, ohne ein Buch, sogar noch eine Steigerung von quälend langsamem Vergehen der Zeit erfuhr, wenn sich also alles nur mit Unerträglichkeit benennen lässt – wieso weiß ich dann bis heute, ohne auf eine Uhr zu achten, fast immer ziemlich genau, wie spät es gerade ist … nie ohne einen schnellen Blick zum Himmel, einen in der Stube rum, nie im Fahrstuhl, da weiß ich gar nichts, aber es stimmt, und ich kann damit immer verblüffen. Fast auf die Minute genau. Ich weiß bloß nicht, ob das schon jemandem, außer meinem Mann, aufgefallen ist. Klar, ich stelle mich demnächst mit ausgebreiteten Armen auf der Bühne vor das Publikum und verkünde die Kunst der Bestimmung von Uhrzeit.

Und dann offenbare ich, wie furchtbar es ist, ein Kind zu sein und sich wehrlos zu langweilen. Sammle ich deswegen so übereifrig alles an Kinderbüchern ein, was auf den Ladentisch gelangt? Manches auch weit voraus oder grade eben ein bisschen zu spät. Laura kraust manchmal die Stirn, weil meine Urenkelin es gut haben soll, aber nicht so verwöhnt werden.

Man muss mich bremsen, meint sie.

Ich wollte doch damals nur die Zehen ins Wasser halten. Nicht mal bewegen, jedenfalls nicht so unentwegt, wie sich die Münder der Frauen bewegten. Was die Männer meinten, habe ich nicht rausgekriegt, fast nie. Aber sie haben geredet, miteinander. Und dabei gegrinst, manchmal gelacht, sogar mal die Stimmen gesenkt – immer einvernehmlich, immer durchzogen von Untertönen, die habe ich auf meinem langen Weg zur Mitsprache im eigenen Leben später öfter gehört, an bestimmten und bestimmenden Stellen von Erörterungen zu einem Ergebnis hin, das zunächst in Frage stand. Da waren Frauen, und da waren Männer, und die einen kamen mehr zu Wort als die anderen, und wenn einer dann aufstand und alle gingen, machte immer das stärkere Geschlecht das zufriedene Gesicht, und das andere guckte, als wäre man eben erst gekommen und hinterher werde man klüger sein. Man? Nein, Mann.

Der einzige wirklich emanzipierte Mann meines Lebens hat mir abgewöhnt, darauf viel zu geben.

Und wie sollte das auch zu Papa und Opa und Onkel Kutti passen? Jeder von denen stand auf seine Weise unter allen weiblichen Pantoffeln. Opa war maulfaul, gab geizig Kostgeld, ertrug zwar die Hysterie seiner Frau, bediente das Unglück auch durch seine Schweigsamkeit, seine auslösende gehässige Ironie, und hinter dem Rücken seines kleinwüchsigen Weibes schürte er ihren Hass, ihren oft laut vorgetragenen Hass auf ihn.

Papa hatte niemals einen anderen Wunsch, als auf dem schnellsten Wege eine Kneipe zu erreichen und sich zu besaufen. Er ist in Westberlin betrunken in einer Winternacht im Rinnstein gestorben. Und Onkel Kutti? Der meine behandlungswürdige Todesangst vor Hunden bediente, eigentlich erst pflanzte, indem er bellende

Hunde von der Straße holte, sie zwar festhielt, aber ankündigte, dass sie mich gleich beißen und er nichts dagegen tun könne. Diese Angst war das schlimmste Gift meiner Kindheit und Jugend, sie war immer da und blieb – fast mein Leben lang.

Es ist erst ein Jahr her, da besuchte ich mit meiner Freundin ihre Eltern, auf dem Land, nahe am Wald. Ich sollte im Auto ein belegtes Brötchen essen, hatte das aber nicht geschafft. Es war kurz nach einem Aufenthalt im Krankenhaus, und ich hatte noch nicht viel, noch nicht meine normale Kraft, weder in den Beinen noch im Kopf.

Wir stiegen aus, und durch den Garten zum Gatter her ging – ja, ging, oder schritt ein großer Hund, der den Kopf hob, uns in den Blick nahm und sein Tempo hielt. Eine von uns beiden hat das Gatter geöffnet, der Hund kam heraus, stand da, und wir sahen uns an. Ich legte meine Hand auf seinen Kopf, und das war's. Als wir im Garten aßen, stand er neben mir, und ich habe mich dann von ihm wie von allen anderen höflich verabschiedet. Als ich einige Zeit danach wiederkam, waren wir alte Freunde, und er nahm das Wurstbrötchen vorsichtig aus meiner Hand.

Seitdem gehe ich auch zu Hunden in den Fahrstuhl, fasse sie zwar nicht an, sage ihnen aber einen guten Tag voraus. Und seitdem kennen wir uns, der Hund an sich und ich. Ich bin sicher, dass der unterschwellige Hass, diese gnadenlose Unzufriedenheit mit den jeweils anderen unsere kindlichen Neurosen ausgelöst, erhalten und bedient hat. Sie waren das – alle, diese immer übellaunigen, unerzogenen, ihren Schwächen unterliegenden Mitglieder der Familie, mit immer neuen Gründen für Antipathie gegen die jeweils anderen. Sie waren alle arm, ungebildet, hatten keinerlei Manieren und wollten sich auch nicht verändern. Dass sie sogar einander unsolidarisch waren, ist das schlimmste Wort, das sie mir geweckt haben.

Fast alle sind nicht mehr zu besuchen. Nicht einmal auf dem Friedhof, da ist zu viel Zeit vergangen, und sie stehen nur noch in den Büchern mit den ehemaligen Liegenden. Ich war dort, und wir haben unsere Stelle, immer noch, obwohl ich sie für meinen Mann nicht genutzt habe, und für mich habe ich auch anders entschieden. Für ihn und für mich. Wir werden uns nicht trennen, wir müssen das nicht.

Ich war nie wieder in Pichelsberge, aber ich weiß, dass es die Haltestelle noch gibt, natürlich den Bahnsteig, die Stufen runter, den See wird es noch geben, die hohen Pflanzen umstehen ihn vielleicht noch – Gras und Wiesenteile? Aber hoffentlich in der schönen Natur keine kleinen Menschen ohne Badeanzug, die sich nicht ins Wasser tunken dürfen und den einzigen Ball nur in den Händen von trinkenden rauchenden Männern sehen.

Meine Töchter möchten gerne mal sehen, worüber ich so unschön geredet habe. Da sage ich, geht nicht, das mit den Kopfschmerzen und der Übelkeit ist geblieben. Kleine Lüge, doch wohl erlaubt.

Die Liebe danach ...

Ich dachte an dich
und dass uns nun
Welten trennen
aber du bist doch hier
nachts im Dunkeln
frage ich dich und du
sagst alles wie immer
Ich darf dich nicht berührn
noch nicht
aber ich denke an uns

während der freiwilligen Quarantäne,
    am Sonnabend

Ein Anfang

Ich habe einen neuen Freund. Er steht auf, um mich zu begrüßen oder zu verabschieden. Ich gucke nach oben, weil er genau so lang ist wie mein Wilhelm, daher die leichte Neigung, den Kopf ein bisschen zu senken, damit der andere nicht mit den Augen den Himmel suchen muss. Kenne ich. Der Freund kann gut singen, in einer Tonlage, die es mir leicht macht, darauf Wörter zu legen. Er liebt eine Frau, die bei manchem fälschlich den Eindruck erweckt, sie sei federleicht zu besiegen. Ja, sehr zierlich, nicht gerade muskulös. Aber sie weiß es und kann damit umgehen, das bewaffnet. Weiß sie auch.

Der neue Freund redet sehr ruhig und bedacht. Was er sagt, ist vernünftig, klingt danach, dass er die Tageszeitung gelesen und eine Meinung hat. Gegen die ist nichts zu sagen.

Ich habe das Glück, in einem Alter zu sein, in dem man anderen Menschen so lange ins Gesicht blicken darf, bis man die Nachricht erkennt, die oft genug transportiert wurde, ohne sich auch nur einen Hauch von der Stelle zu bewegen.

Es ist eine Art von Mitteilung, die kein Wort findet, vielleicht auch nicht braucht, aber sie kommt her von einer Verletzung, die hat sich eingeprägt und wird sich nicht verscheuchen lassen, weder überschminken, noch ausreden, sie wird keine neue Meinung dazu erlauben. Wir haben beide eine erste Heimat verloren, die erst besoffen vom Jubel der Veränderung alles hisste und leise wurde, als sich herausstellte, dass sie nicht einem neuen Verbündeten für den Auftrag zur Rettung der Erde zujubelte, sondern einem Sieger, der ans Ziel gekommen war und das ausnutzte. Das macht es schwer, die neue Lage zu feiern, wenn man nicht zu den Nutznießern gehört. Ist es das?

Ich möchte gern zu den Wurzeln des besonderen Blicks gelangen, denn solcher nur scheinbar ruhige Blick hat immer einen Augenblick des Entstehens. Und enthält eine Frage, die ich nicht beantworten kann. »Was hättest du gemacht?« lautet die, oder »Kann man damit fertig werden?« Das Nein liegt mir auf der Zunge, weil mich der Blick erinnert. Wenn ich bei Peter Edel war, und er mir aus dem Manuskript seiner Autobiografie vorlas, aus nicht zu überbietendem Elend, aber das passt nicht her, sagt mein Verstand und klopft trotzdem an die Türen der Erinnerung: dass ich also etwas wiedersehe, was ich an seinem Platz weiß.

Es fällt mir ein. So waren die Blicke der Kinder von den Rosenbergs, die in Amerika hingerichtet wurden, weil sie angeblich den Russen das Rezept für die Atombombe verraten hatten. Sie haben nicht um Gnade gebeten, und es ist ihren Söhnen bis heute nicht gelungen, an der Verdammnis ihrer Eltern etwas zu ändern. Ich habe alles gelesen, was die Welt darüber geschrieben hat. Ich kenne die Wahrheit nicht, bin aber sicher, dass sie einem kleinen Kreis bekannt ist. Das hilft mir nicht.

Ich schreibe dem neuen Freund Texte, er macht daraus Lieder. Er singt. Es passt alles, sogar gut. Welche Stimmung er wählt – wie er singt? Dunkel, empfindsam und erwachsen. Wie jeder andere? Ja, was das Handwerk betrifft, die tiefe Stimme, Erfahrung und Gefühle, die er weckt, und über die er singt, die er aber nicht heraufbeschwört, was immer droht, vielleicht nur: es werde sich alles sowieso nicht lohnen.

Was ich in seinen Augen lese, ist eine Verletzung, die muss lange zurückliegen.

Er ist jung, er ... nein! Ich werde ihn als alten Mann nicht kennen, aber sollten wir uns dann irgendwo begegnen, werden wir uns genau so in die Augen gucken, oder beiseite.

Das Meisterwerk der Natur

Der Mensch lebt länger. Hieß es früher »Das Leben währet siebzig Jahr'«, so sind heute Hundertjährige bei Festen im Kreise ihrer Lieben anzutreffen, und das ist nicht mehr die zeitungswürdige Ausnahme; sagen die Statistiken, und woraufhin, das sagt uns der eigene Lebensweg. Der besteht nicht mehr wie früher aus Kindheit und Lernzeiten, gefolgt von einem Arbeitsleben, dessen Ende früher als Beginn des Alters erfahren wurde. In dessen Nähe schon sammelten sich zunehmend Krankheiten und Einsamkeit.

Das Alter scheint heute nicht mehr an neuen Versuchen zu hindern, Lernzeiten sind lebenslang möglich, auch dann, wenn alles scheinbar schon an festem Platz ist und in all seiner Vergänglichkeit geduldig wartet. Auch anderes, schwer zu machen, früher fast unmöglich, ist heute alltäglich. In großen Familien sind nur wenige vom Blut her miteinander verwandt. Es scheint, dass solche Verwandtschaften nicht mehr maßgebend sind. Die Kinder aus der einen wie aus der anderen getrennten Ehe finden sich am neuen Familientisch, wenn die Erwachsenen es nicht unklug verhindern. Heutzutage geht man auch Lebensbeziehungen ein, an die man früher nicht als sinnstiftend geglaubt hätte. Die Generationen aus und nach uns haben eine Vielfalt an Beziehungen untereinander, die es ehedem nur als Ausnahme gab. Und früher eher unübliche Lebenswege sind durch Gesetze freigegeben. Über sie kann persönlich entschieden werden.

Aber auch heute muss eine neu entstehende Groß-familie lernen, miteinander umzugehen. Das ist erfreu-lich möglich, bringt aber auch neue Konflikte.

Wenn in einer neuen Familie, inzwischen üblich, fünf Generationen die wärmende Mitte umgeben, dann sind damit die Konflikte der einzelnen Generation nicht auf-gehoben. Die treffen sich, reiben sich aneinander und wirken sich auf alle aus. Das Leben »da draußen« wirkt hinein, und es entstehen Probleme, die keiner vorher geübt hat, zum Glück nicht! Überholte moralische Ein-wände oder Vorschriften halten dem Lebendigen nicht stand, können es aber beschweren. Heutzutage geht kein junges Mädchen mehr wegen einer ungewünschten Schwangerschaft ins Wasser, und es ist auch bei altmo-dischen Leuten keine Schande mehr, wenn eine erste amtliche Bindung wieder gelöst wird.

Bei Frauen mehrerer Generationen in derselben Fami-lie sind Konfliktherde nicht selten. Die Frauen müssen und wollen miteinander auskommen, sich gegenseitig helfen. Aber das sind Lernprozesse, in die jede ihre Er-fahrung einbringt. Das muss sich nicht unbedingt gut vertragen. Die Reifungen der einen treffen sich mit den Krisen der anderen, das wirkt sich aus als Zwietracht und trifft den Kern der Familie, weil es ausgetragen wer-den muss, und eine solche Fähigkeit vorher zu wenig geübt wurde. Wir erfahren in Briefen und Gesprächen, dass es dabei nicht nur um unterstellte überschrittene Grenzen geht, von denen häufig die Rede ist. Die älte-ren Frauen werden abgetan als »langsam sehr ulkig«, und »das versteht ihr nicht« oder, noch schlimmer, »Ich glaube, DAVON verstehst du nichts mehr, das war bei euch früher anders, aber wir wollen das nicht mehr«. Was heißt das? Wir sollen, zum Beispiel als Großmütter, manchmal auch schon Urgroßmütter, Verständnis dafür haben, dass sie Ausbildungen für ein oder zwei Jahre in die Ferne verlegen, unterbrechen, also anderswo in fremder Sprache und mit ganz anderen Bedingungen eine Art schwerwiegender Pause einlegen. Was vorher Konflikte waren oder ausstehende Entscheidung, das bleibt wie ein großer Koffer in der Familie zurück. Die Umsiedelnden treffen für sich selber eine wichtige Änderung. Das bereichert sie nicht nur durch Sprachen, Kultur, auch durch die Kenntnis von anderem Leben. Sie werden umfassend auch erwachsener. Ohne ständiges Beispringen in der Familie, ohne deren ununterbrochene Hilfe.

Aber der zurückgebliebene Koffer enthält alle Zeugnisse nie zu Ende gebrachter Unternehmung und beweist gelebte Unreife auch. Die Familie kann nicht abschalten, solange da jemand in der Welt unterwegs ist, um sich nach ungewisser Zeit der familiären Vorzüge wieder zu bedienen, sobald das als Nähe nötig ist. Wir erfahren über die Weltnachrichten fast alles, was das zeitweilig abwesende Geschöpf auch angeht. Selbst dann, wenn es ganz woanders ein ganz anderes Leben führt. Für die Familie setzt sich das moderne Leben durch. Kinder können nicht gehindert werden, mit der modernen Technik geschickter umzugehen als mit Konflikten, die besser zu lösen wären, wenn man sie aussprechen könnte. Die Gewohnheiten der jüngeren Generation und die Lebensweise der älteren und alten ergeben oft eine schwierige Schnittmenge. Was sich da als Lebensart, als Kultur und Alltag entwickelt, ist nicht immer ein Reichtum, von dem alle profitieren. Die einen schwören auf »essen gehen«, die anderen wollen von ihrer Weihnachtsgans nicht lassen. Nur ein Beispiel. War früher in einer Familie der FDGB-Ferienurlaub ein Ereignis, blickt man heute besorgt zum Himmel, der vielleicht gerade von einem geliebten Familienmitglied durchmessen wird, in zerbrechlichem Gefährt. Die Alten gucken, lauschen in sich hinein, können oft nicht Schritt halten und wollen doch das Neue mit dem vereinbaren, was das Leben sie gelehrt hat. Die Familie muss mit den Konflikten der Jüngsten und der dem Ende nahe Lebenden umgehen.

Wenn aber Konflikte schwelen oder nie endender Streit die übliche Austragungsart ist, wenn ständig Geheimnisse die Luft zum Atmen schmälern, wenn besondere Feigheit Wärme und Harmonie vergiftet, dann wird der Familie die gemeinsame Kraft sehr knapp. Wie anders und besser machen? »Das kommt bei mir später mal nicht in Frage« meint, dass Kinder oft zu viele unterschiedliche Dinge dürfen oder nicht dürfen, dass Freiräume unabgestimmt und damit unzuverlässig verabredet werden. Das wird keinem der unterschiedlichen Persönlichkeiten gerecht. Für jede Familie ist es schwierig, die ureigene Art und Weise zu finden, in der bewahrt, überliefert und Neues eingeführt werden kann. So, dass alle damit leben.

In den südlichen Ländern gibt es große Tische, an denen jedem ein Platz zugänglich ist, der in der Familie bleiben möchte. Viele Schüsseln, in denen sich Traditionelles und neu Auszuprobierendes anbietet. Scheinbar ist das nur Gemütlichkeit, aber gerade an der fehlt es ja, wenn bei uns zu viel Vorgerichtetes, nur noch als Produkt erkennbar, in eilige Zusammenkünfte gerät, in denen sich ein Teil der Familie immer überfordert oder unverstanden fühlt. Es müsste über vieles geredet werden, das nie zu Wort kommt. Der Beginn unseligen Auseinanderdriftens ist, wenn das familiäre Klima nicht erlaubt, einander in den Arm zu nehmen und die hohe Kunst des

Zuhörens zu üben. Dabei scheint doch unsere neue, so moderne Gesellschaft überaus geschwätzig. Wir erfahren scheinbar alles, denn die Zeitschriften und sogar die Nachrichten tun immer so, als ob sie alles wüssten. Ein Teil davon ist eine neue Art von Selbstbewusstsein. Das wird auch gebraucht: die eigene Arbeit braucht eine Haltung, die nicht von Zweifeln und Ängsten besetzt sein darf. Eine Familie hat eine Chance, wenn sie als kleinstes Zentrum lernt, wie man leben kann. Vielleicht ganz anders, als »vorher bei uns« üblich. Schön, wenn man bei euch sowohl über sich selber lachen darf als auch an sich glauben kann. Weil man bei euch die meiste Zeit wirklich dazugehört.

Die ersten Erfahrungen mit Menschen, die über uns bestimmen dürfen, machen wir in der Familie, mit der wir immer, oder gefährdend lange, leben. Die Bilder, Augenblicke, dieses wertende Grundgefühl nehmen wir mit in unser Leben als Erwachsene. Prägender und dauerhafter als wir glauben mögen.

Ich habe eine Tochter, Stieftöchter, Töchter durch Freundinnen, ich habe nahen Umgang mit Familien aller Generationen. Einen großen Anteil an Empfindungen und Erfahrungen danke ich der töchterlichen Enkelin, nun schon der Urenkelin. Diese nachgewachsenen Weiber schicken einen auf einen Lernweg, der sich im reifen Alter als sehr ausgedehnt erweist. Der Austausch in Gesprächen und Briefen hat vor Jahrzehnten zu meinem Buch über Mütter und Töchter geführt, und ich dachte, gestärkt durch die vielen Reaktionen darauf, damit hätte ich das Meine getan. Aber wir alle stecken ja in Erfahrungen, die jeder haben kann und die niemanden verschonen. Wie die Welt sich um uns her verändert und wo es für uns möglich bleibt, sich einzubringen, das gehört zu den neuen Erfahrungen, die wir unabhängig vom Alter machen müssen. Ich stecke noch immer im Erwerben und freue mich auf eine vielleicht ganz neue Sicht, die mir durch meine Urenkelin zuteil wird, seit sie den Windeln entwachsen ist. Ich bin gespannt. Aber wie ich das Leben kenne, wird sich daraus neue Arbeit ergeben. Auch ein Grund zur Vorfreude.

Grundsätzlich

Ich würde niemals sagen: »Die DDR war ein Unrechts-staat.« Weil es auf mich nicht zutrifft, nicht passt.

Meine Herkunft: die dreckigste Ecke im Keller. Als ich mit siebzehn geheiratet wurde, gab es noch keine gesetz-liche Gleichberechtigung.

Mein früher Ehemann konnte sich nicht einmal vor-stellen, dass sich an seinen Vorrechten je etwas ändert.

Ich war Anfang Zwanzig, hatte ein Kind, und alle meine Verwandten hauten nach dem Westen ab. Sie mel-deten sich erst achtzehn Jahre später bei mir, nachdem sie mich einmal in unserem Fernsehen erblickt hatten.

Ich war mit meinem Kind allein und fing an zu ar-beiten.

Was immer jemand anders erlebt hat, meine Ge-schichte ist so: Ich durfte in der DDR fehlende Bildung nachholen, ich bekam Arbeit, obwohl mir bei jeder am Anfang die Voraussetzungen fehlten. Meine Kollegen wa-ren immer studierte Leute, ob im Rathaus Pankow an der Schreibmaschine, bei Rundfunk und Fernsehen oder bei der DEFA. Ich war fast vierzig, als ich im Eulenspiegel ein Ressort übernahm, und ich war damals die einzige ohne Studium oder wenigstens berufliche Ausbildung.

Ich habe eine andere DDR erlebt, als sie mir von ge-nervten Bürgern der DDR geschildert wurde. Wir muss-ten nichts, was uns nicht lag. Ich durfte es unterlassen, am Nachhol-Unterricht teilzunehmen, ich durfte bei der DEFA Filme schreiben, mit Verlagen im Lauf der Zeit dreiundfünfzig Bücher veröffentlichen und Funktionen ablehnen, die ich nicht leidenschaftlich gern wollte. Ich mischte mich mit bekannt großer Klappe in die Veränderung der Frauenrechte ein und im Lauf der Zeit mit etwa 4000 Liedertexten in das Repertoire der Unterhaltungskünstler. Sie wählten mich als Präsidentin in ihr neues Gremium, und ich musste nicht erklären, warum ich dazu nur ohne Spesen oder andere Vergünstigungen bereit war. Ich hatte das Glück, einen gebildeten Mann an meiner Seite zu wissen, der meine Bedingungen verstand und unterstützte.

Es gab nur einen schwachen und lächerlichen Versuch, mit mir in einen geheimdienstlichen Kontakt zu treten. Danach nie wieder. Ob andere mich erwähnt haben, weiß ich nicht, ich habe nie bei der Behörde nachgefragt.

Ausgrenzung und tatsächlichen Schaden erlebte ich erst nach 1989, als meine Lebensersparnisse zweimal um 50 % gekürzt wurden, und ich einige Zeit ständig belästigt, ich solle mit meinen Leiden in der DDR endlich rausrücken. Alle meine Töchter haben ihr Abitur und studiert oder einen Beruf gelernt, manchmal auch beides.

Salbe auf alte Wunden. Mein Mann und ich haben die SED aufgegeben, als wir den Eindruck hatten, sie habe sich und uns aufgegeben. Ich bin in der DDR nie zu einer politischen Lüge gezwungen worden. Es ist nicht meine Erfahrung.

Gab es in der DDR Unrecht? Ja, bestimmt. Aber es gab in der DDR nicht nur einige Helden am Montagabend – sondern zunehmend tapfere Bürger, die Unrecht nicht hingenommen haben. Sie haben sich dagegen gewehrt, so gut sie konnten. Ich war da nichts Besonderes, aber ich war dabei.

Wilhelm P. kannte ich noch nicht, als mir erzählt wurde, er habe bei einer Versammlung im Rundfunk gesagt: »Ihr wollt also den Jungs aus Liverpool ihre Haare und ihre Musik verbieten. Das wird nicht klappen.«

Es hat auch nicht geklappt. Nicht mit dem Verbieten, nicht mit dem deutlichen Nachmachen, dem schon undeutlicheren Kopieren – und es zeigte sich: Aus dem dummen Einfall der Anordnung von oben wurde ein quicklebendiger Aufstand von unten, in dem fast alle Genres auflebten: die Schreibenden, Singenden, Tanzenden, alle, die mitmachen wollten, vom Straßensänger, Chor oder Orchester, bis in die Schulen, bis in den Kindergarten mit dem Traumzauberbaum, bis zum, inzwischen berühmten, Solisten. Es wurde alles gebraucht, also wurde es geschrieben, komponiert, geprobt, aufgenommen, inszeniert – in der unglaublichen Fülle konnte das Ungelungene einfach unterlassen werden. Den oder jenen treffe ich heute noch zufällig auf der Straße, und – anders als ein anderer Teil meiner Erinnerungen – meistens dauert es nicht lange, und wir landen beim Erinnern da, wo das unwiderstehliche Lachen seinen gehüteten Platz hat.

Das Wissen, ob du da eine tapfere Seele neben dir hattest, kannst du nur durch Erinnern beleben.

Sei selber jemand, den man sich für unterwegs wünschen würde.

Ich denke an einen Mann, den ich früher öfter belästigen durfte, wenn mich gängige Praxis, Ungeduld von Befugten oder eingefahrene Üblichkeit daran hinderten, ein von mir empfundenes Unrecht abzustellen. Ich erfuhr durch Anrufe, Briefe oder überraschende Besuche davon und wäre manchmal gern ausgerastet, aber ich wusste aus Erfahrung, dass ich in solchem Fall nicht allein helfen konnte.

Wenn ich nachdenke, kann ich es nicht anders sagen: Es ging ganz selten um eine Bevorzugung, die jemand für sich wollte, was ja auch seine Richtigkeit gehabt hätte. Aber ich hätte dann vielleicht länger überlegt.

Wenn es aber um etwas ging, das grundsätzlich angegriffen werden musste, ausgehebelt, abgeschafft, dann nutzten Anrufe, Briefe oder Eingaben selten etwas. Es brauchte einen glaubwürdigen Anzusprechenden, möglichst weit oben in der Hierarchie – aber in meiner Hoffnung und nach meiner Erfahrung ein anständiger Mensch, möglichst männlich, sonst hätte er ja auch nichts zu sagen gehabt.

So einen männlichen Menschen kannte ich. Mein Vertrauen zu ihm kam aus Erfahrung, und ich habe die nie in Umlauf gebracht.

An einem späten Herbsttag wurde er ungewollt vor die Wahl gestellt, mit einem Befehl tödliche Ruhe zu schaffen – oder zuzulassen, dass Menschen ihre eigenen Entscheidungen für oder gegen alles bisher Gelebte treffen können.

Eine größere Überforderung kann ich mir für einen einzelnen Menschen nicht vorstellen.

Die Wörter *Keine Gewalt* waren der Schlüssel zum Öffnen einer Tür, die jeden hinein und alles hinausließ, was sich Leben nannte.

Und sein unabgesprochener Befehl lautete: »Der Einsatz der Dienstwaffe ist verboten.« Der Ort des Geschehens war nur Meter von unserer Haustür entfernt: der Checkpoint Charlie. Es ist kein Schuss gefallen, niemand wurde verletzt.

Wir haben alle geschehen lassen, wie dieser Mann für seinen Alleingang bedankt wurde. Wenigstens ein Händedruck als – Dank? Ja, als Dank.

Ich bin niemals vor eine solche Entscheidung gestellt worden. Leicht, zu sagen, ich hätte genauso gehandelt.

Wir rufen uns manchmal an; früher, als wir uns begegnen konnten, umarmten sich die Männer immer; zwei lange alte Kerle, die versuchten, ihre schwindende Kraft wegzulachen.

Du mit deinen guten Noten

Manfred Schmitz war ein wichtiger Mensch in meinem Leben, und er wird es bleiben. Was wir füreinander tun konnten, das ist nicht fortzusetzen, bleibt aber unverlierbar. Weil es mit seiner und meiner Arbeit zu tun hat, mit Weltgeschehen, nötigen schmerzhaften Veränderungen aus zu enger Sicht auf das ganze bunte Leben, aber auch mit der unablässigen Prüfung von dem, was sich darin vielleicht von uns, gerade von uns, in Ordnung bringen ließe. Es gab so viel, was keinen Abschied vertrug, sondern neue Betrachtung verlangte.

Wenn man so lebt, wie es für uns beide richtig war, muss man sich dem unvollkommenen Leben eben ganz aussetzen.

Wir wollten es beeinflussen, also beeinflusste es unseren Alltag. Als Leben, in allem Entstehen, und als Ergebnis unserer Arbeit.

Unsere erste Begegnung begab sich in Frankfurt an der Oder, bei einem Wettbewerb der Unterhaltungskunst im Republikmaßstab. Manfred Schmitz begleitete Sänger am Klavier in einem Programm, das ganz sicher mit verschiedenen Institutionen der Kulturpolitik abgestimmt sein musste.

Ich saß ziemlich gelangweilt in einer Mini-Loge mit Vorhang und hörte den Musikern zu, die ihr Bestes gaben in der Hoffnung auf Anerkennung, vielleicht sogar auf einen Preis. Sie offenbarten uns Juroren den Stand der Dinge unter dem Namen *Kultur* in ihrem jeweiligen

Heimatbezirk. Zutage trat, nicht nur bei dieser kleinen Gruppe, was die Entsender für richtig hielten, was sie über Unterhaltungskunst dachten, und welchen Teil davon sie förderten. Außerdem, wer sich nach genauer Prüfung auf den Weg machen durfte. Wir waren alle verstrickt in eine große politische Auflage, genannt Kulturpolitik, die in viele kleine Tütchen mit sehr unterschiedlichen Aufschriften und Fingerabdrücken verpackt und schwer umzusetzen war. Die Verantwortlichen zuhause mussten erschwerende Vorgaben bedenken, mühten sich vielleicht redlich, aber eins konnten sie nicht: sie konnten der unterstützten und delegierten Sache kein Feuerlein mit auf den Weg geben, das doch – nach meinem Wissen und späterer glücklicher Erfahrung – so leicht zu zünden gewesen wäre.

Im damaligen Zuhause des Komponisten Manfred Schmitz hatte die Anleitung zu Kultur und Kunst besonders engherzige Flügel. Was immer »oben« beschlossen wurde, musste ja bei den Lebendigen »unten« durchgesetzt werden – wurde es aber zum Glück meistens nicht.

Unsere gemeinsame Arbeit begann an jenem Tag nicht. Aber es gab das »Holzklavier« schon, den Flügel, neben dem ich später saß, immer erwartungsvoll aber eher selten, weil wir die Absicht oder das Wesen unseres entstehenden Werkes meist am Telefon schon vorher geklärt hatten.

Viel später habe ich dort gesessen und konnte endlich seine Schülerin sein, durfte bei ihm spielerisch lernen, was mir an Wissen über das Lied fehlte. Verständlich, mit meiner geringen Bildung aus fünftklassigem Volksschulunterricht – und neben mir der Komponist, der meine Wörter im Hinwollen verstand und ihnen ihren Platz und Klang schuf.

Vorher hatte es unsere zweite Begegnung gegeben, und die war glücklicher Natur. Die Schauspielerin und Sängerin Angelika Neutschel suchte sich aus meinen Büchern sechs Gedichte aus, und Manfred hatte sie vertont. Bis heute könnte kein Ton anders sein.

So begann unsere Arbeit. Wenn ich in meinen Gedichten von damals blättere, rückt mein Hirn nicht nur leicht die Texte raus, sondern jede sensible Hebung, das ironisch-schmetternde ebenso wie die Sanftheit der schmerzenden Erkenntnis: *»Irgendeiner wird es wohl sein nach dir, auf die Dauer bleib ich nicht allein, nach dir ...«* Für die sechs Lieder gab es hohe Anerkennung, und meine Neugier auf den Komponisten Schmitz war geweckt. Ich erinnerte mich, dass mein Mann als Chefredakteur für Musik beim Radio schon öfter diesen Manfred Schmitz in Weimar erwähnt hatte, als eine »unterforderte Potenz«.

Am Schwielowsee gab es ein Ferienhaus für Schriftsteller und ein anderes für Komponisten. Dort machten einmal beide Familien zur selben Zeit Urlaub, und dort wollten wir uns treffen. Nach dem Jubel über den Liederzyklus in Frankfurt an der Oder waren wir neugierig aufeinander. Jenes Gespräch war für uns beide ein besonders wichtiges, obwohl es damals, Mitte der Siebziger, nicht gleich so empfunden wurde. Was passierte? Zwischen seiner Frau und mir hat es kaum einen Lidschlag lang gedauert, da kannten wir uns, waren im Bündnis, und das galt fürs Leben. Der andere große Moment kam, als Manfred vorschlug, eher schüchtern, wir könnten doch mal was zusammen machen.

Solchem Vorschlag stimmte ich leicht zu, denn es war oft die einfachste Möglichkeit, zu entkommen. Motto: gut, haben wir mal darüber geredet und man muss ja nicht darauf bestehen. Wäre vielleicht auch in unserem

Fall so gewesen, aber es galt, etwas nachzuholen. Die Jury wollte jene sechs Lieder in Frankfurt hoch bewerten und auszeichnen. Das wäre auch gerecht gewesen, aber wir Juroren hatten uns vorgenommen, Gundermann zu retten. Wenigstens den Versuch zu wagen, ihn endlich von den unsäglichen politischen Nachstellungen in Hoyerswerda zu befreien. So kam es für Manfred und Angelika zwar nicht zu einem ansehnlichen Preis, aber mein tiefer Eindruck von den Liedern verblasste nicht. Im Lauf der Zeit haben wir etwa hundert Lieder für sie geschaffen. Und wenn ich an die anderen für Kurt Nolze denke, dann weiß ich bis heute nicht, wer meine Worte und Gedanken so umsetzen sollte, wie Manfred Schmitz es konnte.

Nur: dort, wo die Familie lebte, wurde Schaffen nicht gefördert oder belohnt, sondern im mildesten Fall aufgehalten. Die Familie Schmitz sollte, so dachten wir, nach Berlin kommen.

Mit diesem drängenden Gedanken stießen wir bei ihnen auf offene Türen. Wir wollten ihn weit weg sehen von der verwurmten Klüngelei, dem politischen Druck und den ständigen hinterlistigen Verabredungen zur Gängelung eines Mannes, der auf diese Weise in seiner Arbeit unerträglich eingeengt wurde.

Seine Sigrid ist eine wunderbare Frau mit einem unpassenden Vornamen, denn sie ist keine Walküre, keine theatralische Lichtgestalt für alte Germanen, sondern eine Person, über die noch ausführlicher zu reden sein wird. Ich machte mir um sie Sorgen, weil ich ihr zutraute, vor allem mit ihren Händen alles Nötige zu bewältigen, um den Mann zugunsten seiner Kunst zu schonen.

Als ich ihn näher kannte, bemerkte ich sehr wohl: dieser Mann war gar nicht so kunstversunken, dass er sich schwer getan hätte, nüchternen Alltag zu teilen, oder das dafür Notwendige einfach zu tun. Seine Erfahrungen und sein Talent für das Alltägliche zeigten sich durchaus. Zugunsten der Musen war Sigrid für ihn jene einzige Frau auf diesem ganzen Erdenball, die scheinbar unauffällig seinem Werk auf gehfähige Füße half und die seit ihrer Verliebtheit in der Jugend bereit war, ihn ganz zu kennen, zu erkennen und zu ertragen, und die zuließ, dass er sie kannte, wie wir Frauen eigentlich in solcher Tiefgründigkeit nicht immer erkannt werden wollen.

Auf unseren späteren Tourneen mit Angelika und der Klarinettistin saßen er und ich jedes Mal hinten im Auto, eng eingeklemmt, er mit der alten Aktentasche auf dem Schoß, im Mantel. Jedes Detail hatte seine Bedeutung. Ablegen hätte für die Fahrt Enge verursacht, die er nicht wollte, und sei es meine tröstende Hand auf seiner Schulter. Zur Ruhe kam er, wenn er während der Fahrt über sein Weib sprach. Etwa: »Wenn ich das Schloss verlasse, guck ich immer nochmal zurück und sehe alles in den besten Händen.« Das klang wie ein Scherz, war aber sehr ernst gemeint.

In einem beliebigen Lokal wurde ein Löffelchen Kuchen probiert, aber es trat sofort in den Vergleich mit häuslichen Kunstwerken, die, ach zuhause, schon frisch gebacken auf ihn warteten. Das macht was mit einem schöpferischen Mann, wenn die Sinne immer so auf Wiederkehr ausgerichtet sind. Vom ersten Treffen an habe ich die beiden als eine Einheit gesehen, obwohl uns doch so verschiedene Lebensbereiche betrafen, mich und ihn, sie und mich. Sigrid ist eine der lebenstüchtigsten Frauen, die ich kenne. Ihre Bildung, das, was man Schule nennt, hat sie nicht daran gehindert, neben diesem hochbegabten – also schwierigen – Mann, Lebensklugheiten zu sammeln. Es handelt sich bei ihr um ein gewandtes Weib, das von Obstbäumen so viel versteht wie von Weimars großer Geschichte, vom Renovieren eines Hauses wie als Mama vom Sohn. Sie hat mir das Leben der Göchhausen glaubwürdig und anregend vermittelt, und das war eine große und schöne Arbeit, aus der mein literarisches Porträt jener Lektorin Goethes entstand.

Sigrid hat uns immer verabschiedet, wenn wir aufbrachen zu Veranstaltungen, und sie stand immer schon mit einem Fuß vor der Haustür, wenn wir, oft sehr spät, wieder anlandeten. Ich denke bis heute, dass sie eine nie aufgebrauchte Lebenskraft in diese Beziehung eingebracht hat, so lange und so reich, dass sein Leben für sie wahrscheinlich zum Sinn ihres eigenen Daseins geworden ist. Ihr Sinn für Kunst, für die Musen und für alles Schöpferische in der Welt hat auf ihn aufrichtend gewirkt, wenn er denn einmal Erschöpfung oder eine gewisse Niedergeschlagenheit über Aufhaltungen zeigte. Er war ein Künstler im besten Sinn, aber auch in einem anderen: solche freigesetzten begabten Künstler können den Alltag, dessen Umfang sie allmählich unterschätzen, ziemlich unerträglich machen, bis sie bemerken müssen, dass sie vielleicht demnächst wegen ihres Verhaltens auch allein dastehn könnten. Dann machen sie eifrig wieder gut, dann rücken sie Kostbares aus ihrem Werk heraus, auch wenn sie es bis gerade eben noch ewig für sich alleine behalten wollten. Das ist die altbewährte, verfluchte und segnende Salbe, über die sie verfügen.

Der große Umzug nach Berlin gelang, und war ein lebensrettender Schritt in ein ungestörtes Arbeitsleben – welch ein Glück für ihn.

Das wirkt alles so leicht für einen Partner: sich einem entstehenden Werk zu widmen, dessen Wert zu erkennen, es abzuschirmen und gleichzeitig in ein Licht zu rücken, für das die Zeit noch nicht gekommen schien. Es brauchte beides: die behütende Hand zuhause und sich dem Gefühl auszusetzen, das die Töne für ihre einmalige Ordnung verlangen. Das müssen sie tun, dafür sind sie ja vom Künstler so aneinandergereiht, so, dass sie als Melodie den Wörtern dienen.

So unterschiedlich wir als Person auch waren, so unvollkommen mein Streben und Schaffen: mir genügte nicht, was wir in der Kunst miteinander konnten. Ich wollte dabei helfen, zu sichern *Nie wieder!*

Manfred wäre niemals in eine Partei eingetreten. Aber er war ein politisch denkender Mann, ein Humanist, der seine Haltung und seine Vorschläge in Tonfolgen setzte, die unsere Sinne beim Hören erreichten und jedenfalls die meinen beeinflussten. Er hat manchen sehr unvollkommenen Gedanken, die ich hatte, aber nicht vertiefen konnte, mit einer Melodie zur Aussage verholfen.

Solange er über die Musik als seine Sprache verfügte, solange wir einander mit unserem jeweiligen Anteil dienen konnten, fühlten wir uns wie angekommen, dort, wo wir schon immer hinwollten. Meine Sprache und seine Noten, das leistete zusammen seine Vorarbeit für Interpreten. Wir wollten, dass diese gemeinsame Arbeit niemals aufhört. Das wird immer in mir lebendig sein und mich neu herausfordern. Aber auch die Trauer um ihn am Leben erhalten. Manche seiner Lieder geben Verlust als das einzig wirklich Umfassende aus, das Niewiederkehrende, das sich nicht ersetzen lässt. *»Soviele Tode ...«* Diesem Text hat er sich ausgesetzt, er hat ihn für mich in ein Lied gebracht.

Aber mit unserem letzten gemeinsamen Lied für Angelika haben wir das Andere bestärkt, das Bleibende, das

Überlebende »... *all meine Leben hab ich gelebt*«. Seine Musik zu den Worten meint keinen Abschluss, keinen Abbruch, keinen Schreck, sondern Einverständnis mit Werden und Vergehen. Verwinden ist zwar auch nur ein Wort, ein vielleicht nie einzulösendes, aber wir bedürfen dieser Anstrengung, sonst hält das Leben uns auf einmal mitten im Atemzug an.

Kann man den Verlust eines solchen Freundes ... nein! – Und Trauer wäre das falsche Wort. Du bleibst.

Und wenn schon

Ich bin eine umstrittene Person. Zu meinen Gunsten sagen Leute, meistens Linke: du schreibst ja manchmal ganz vernünftige Sachen. Wenn man's zweimal liest, versteht man's.

Und was ist mit meinen früheren Verdiensten? Ich war beteiligt an hundert Fahrrädern für Vietnam, habe Angela Davis eine Rose geschickt.

Ich kenne jene berühmte Puschkin-Wiese nicht und würde mich dort auch nicht zu einem Duell einfinden. Nicht nur, weil ich keiner Waffe traue, sondern vor allem, weil jeder mir bisher bekannt gewordene Anlass für Totschießen unglaubwürdig war. Als wir im Eulenspiegel Besuch vom Bruderblatt in Moskau hatten, meinte einer, ich sähe aus wie der junge Puschkin. Sie wollten mir das beweisen, mit einem Foto, aber das war kindisch, war Spaß.

Dass ich umstritten bin, kann man heutzutage im Internet nachlesen. Einmal hat eine das gesagt. Vor Journalisten, die gerade dabei waren, uns unser Leben um die Ohren zu hauen. Damals sollte ich einer Einladung zu einem Talk folgen, in dem Angela Merkel und ich uns austauschen sollten. In schöner Übereinstimmung lehnten wir das beide ab. Ich will niemanden von etwas überzeugen, dessen ich mir nicht sicher bin. Wenn's dunkel ist, frage ich mich manchmal: Wie müsste denn heutzutage eine Revolution aussehen? Über die Schwellen des Winterpalais wäre bewaffnet zu stolpern, oder haben uns die Folgen davon abgebracht? Welche Losungen wären es, die man sich unter den Arm klemmen möchte, um sie zu verbreiten? Welches unter den Liedern der Welt würden wir anstimmen? Wir? Oder ich, die nicht singen kann. In welchem Busch, vielleicht tropischer Art, könnten wir uns verstecken oder voraussehend schulen? Welche Verbote für alle planen wir dann? DER WEG wäre der Name für unsere Unternehmung. So würden wir sie doch nennen und verlautbaren, dass wir es wirklich friedlich, befreiend und durchdacht meinen. Von unseren Nebenwegen würden wir vorerst nichts merken lassen.

Ich bin umstritten, weil ich zu viele kannte, die ihr Leben eingesetzt haben, damit wir jetzt so relativ friedlich dasitzen können. Ich habe Männer und Frauen verehrt: Juden, Christen, kleine großartige Weiber, Witwen für immer. Wacht auf, Verdammte dieser Erde? Wörter, die mir wichtig scheinen, weil sie ungelöste Probleme, nie verwirklichte Pläne und furchtbare Niederlagen umfassen. Ja, die Lieder der Welt haben mich zu eigenen Worten über den Frieden angeregt. Es ging mir schneller über die Lippen als manchmal ein nötiges Nein.

Meine Töchter machen vieles anders. Das meiste. Sie raten mir oft ab (immer!), stellen sich gern in den Weg, verbünden sich gegen meine Kraft, auch für meine Schwäche, bieten sich manchmal sogar stellvertretend an, etwas von mir, das bleiben könnte, zu verteidigen. Ich bin umstritten. Damit ist gemeint: zu viele Entscheidungen, einige, nicht die meisten, falsch. Und: vorlaut, schwer belehrbar, zu weit links. Daran soll sich nichts ändern. Und sterben, sterben müssen wir alle. Aber vorher werde ich nicht schmeißen.

Ich hab gelesen: »Das Herz muss Hände haben, die Hände ein Herz.«

Ein alter Spruch aus dem Tibet. Könnte aber auch vom alten Jürgen Kuczinsky sein. Wer den noch kennt, versteht auch, warum ich umstritten bleiben werde. Er hat mich einmal in den »Johannishof« zum Mittagessen eingeladen. Wir wählten Fisch und geschmeckt hat es uns beiden nicht. Aber er hat mir ein paar Fragen gestellt – und mir lange geantwortet.

Man konnte mit ihm, einem der Klügsten, so wunderbar lachen. Diese Begegnung hat mir ein Jahr Dorfschule ersetzt. Und er gehörte, wie ich, zu einem sehr kleinen Kreis von Leuten, die jede Woche einen Krimi tauschten. Man klingelte, hielt seinen Krimi hin, kriegte einen anderen vor die Nase gehalten, dann wurde die Tür wieder geschlossen. Mein erster Tauscher war Klaus Gysi, einer der lautersten Männer, die ich kannte. Brecht soll diesen Vorgang gegründet und streng darauf geachtet haben, dass keiner die Spielregeln verletzte.

Unvergessliche Männer, einzigartig geeignet, die Klappe zu halten, ihnen eine bescheidene Frage zu stellen und dann zuzuhören.

Voll versorgt

Wenn ich neuerdings aus dem Haus gehe, lasse ich besorgte Blicke hinter mir, die machen sich mit mir auf den Weg. Als ob ich mich unterwegs vielleicht neben eine Laterne lege, um auszuruhen oder unpassend laut auf einmal singen könnte oder auf das Pflaster Memoiren schreibe. Ist mir ALLES zuzutrauen?

Klar, ich könnte schreiben: Kümmert euch endlich um eure eigenen Dinge.

Ich trage die richtigen Schuhe, bin satt vom Tisch aufgestanden, ganz ruhig – also, so ruhig, wie man heutzutage unterwegs sein kann, und während ich – ganz ruhig – Obst kaufe und mit keinem Erdenwesen raufe, rufe ich mal eben zu Hause an und sage, dass ich im Fall von Regen einfach das Tuch um die Haare binde – ja, das habe ich mit –, und dass ich den Weg zurück ganz alleine finde.

Er hat sich in den letzten dreißig Jahren ja wohl kaum verändert. Aber falls ich die Lust von Alters wegen nicht verdränge, könnte es sein, dass ich jede Moral missachte und von allen guten Geistern verlassen unterwegs nachhause in aller Ruhe eine Streuselschnecke esse ...

Wenn das Alter – nein, so fange ich nicht an. Es müsste ja heißen »mein Alter«, aber ich habe doch vorher auch nie geschrieben, dass »meine Jugend« etwas hingekriegt hat. Was will ich sagen? Dass im Alter alles anders wird, weil Sinne, Verstand, Gedächtnis und Neugier samt Lebensfreude sich nicht mehr so oft einmischen und ihre

Macht abgeben an die Erfahrung? Ich bezweifle, dass dabei etwas Gescheites herauskommt. Meine Erfahrungen? Wie oft habe ich die für ein ungültiges Omen gehalten, nun darf ich endlich selber entscheiden, nach Kriterien, die ich gestern noch gar nicht unterscheiden konnte – und soll ich etwa weiterhin für vorwärtsweisend halten, was mich bei Ausprobieren unsanft zurückgeworfen hat? Wo steht geschrieben, dass eine erwachsene mündige Person sich nach alten Vorgängen richten muss, statt pappesatt und morgenfrisch aus neuen Ideen ein junges Stück Weg zu beschreiten?

Ich lasse mir gar nichts mehr vorschreiben. Und wenn ich auch nicht glauben kann, dass alle Tiere schweigen und weinen, weil sie wissen, dass gerade ein Schwanenkönig aus Liebe stirbt, sehr eindrucksvoller Song, könnte ich doch trotzdem ein denkendes Wesen sein, nur eben eine Person weiblichen Geschlechts, die eine andre Art von Kitsch liebt ...

Über meinen Tagesplan oder meine weit reichenden Pläne, Absichten, Vorhaben viel zu wenig misstrauisch abgesichert, wieder zu wenig durchgerechnet, anderer Meinung ausgesetzt, wieder wie immer Ausbeutung meiner selbst oder eines anderen Menschen. Das ändere ich vielleicht wegen unerwarteter Widerstände oder weil mir unterwegs die vergeudete Puste ausgeht, alles, oder Teilchen, oder mein Leben. Kann sein, mein reiferer Verstand bemerkt, dass meine Grenzen schon immer enger waren als der Trieb, sich zu unterscheiden von der üblichen Menge, von der ich manchmal glaube, dass es sie gar nicht gibt. Da denke ich, öfter sogar mitten in einem nächsten richtigen Gedanken, was denke ich da? dass wir einander verdammt ähnlich sind – Wer? All und jeder? Nein, aber diese kleiner werdende, auch wieder wachsende Menge von eigentlich ganz normalen Leuten, die etwas verbindet ... das gab es, und da ging es meist nicht um Puder für die eigene Nase, Ruhm fürs eigene Knopfloch. Da war Trauer und Bedauern dabei, manchmal auch nackte Scham über andre – oder Vorgänge – und Hoffnung. Doch, es gab Hoffnung; nicht, dass morgen keine Fehler gemacht werden, aber wohl, dass eine andere Sicht auf die Fehler von gestern möglich wäre ... Das haben wir uns gesagt, doch! und wenn nicht, dann waren wir gerade nicht mutig genug oder hatten zu viel zu verlieren.

Ich war mittendrin. Und also nicht allein. Ich könnte das noch einmal aushalten.

Aber nur so wie früher – nicht allein.

Vielleicht ist ja alles ganz anders. Kann sein, wir sollen endlich verschwinden und Platz machen, wir Spinner mit unserer Sehnsucht nach einer friedlichen Erde, damit andere mit gänzlich anderen, moderneren Plänen sich endlich ausbreiten können, mit der Verwirklichung ihrer kühnen Absichten. Ich hoffe, wir würden auch das überleben.

Unsere großen alten Meister
fallen von den Wänden
wenn sie uns doch auferständen
der Zugriff wird immer dreister
wir müssen euch ernster nehmen
da reichen weder Geste noch Faxen
die Gefahr sieht uns nicht stark genug
da wird sie in Ruhe wachsen

Nichts als die Wahrheit

Wenn der Gedanke und die Buchstaben mich als Person meinen, brauche ich beim Schreiben länger als sonst, weil es um die Fülle geht: Das ganze Farbenspiel von Menschen, die mir Fremde sind. Oder Freunde – oder Leute, die mir bis eben unbekannt schienen, ehe die Erinnerung sie näher brachte. Weil da einer mein Leben mitgestaltete, an den ich lange nicht gedacht habe, eine, mit der mich ihr Unglück verband, ehe sie sich daraus erhob, wie aus der Asche, und ich hatte etwas Anteil daran.

Manches war nur Episode, im Glücksfall sogar belachte, aber darauf ist kein Verlass.

Wir sind sterblich, aber Menschen haben eine Unsterblichkeit, die heißt Erinnerung. Wir können uns alles zurückholen, was wir gelebt, geliebt, beweint und verlassen haben.

Ich sehe dich wieder vor mir, Schwester, Freundin, Gleichgesinnte. Du hast alte Bilder von mir in deinem Kopf; was war damals, wie haben wir ausgesehen, was habe ich von dir gewusst? Ich hätte für das Foto was anderes anziehen sollen. Immerhin, ich sah aus wie eine, die denken kann, oder eine, die vielleicht nie leidenschaftlich geliebt wurde, weil sie zu jedem stolz und abweisend war. Würde alles passen.

Gerade jetzt, wo du mir auf einmal gegenüberstehst: so löchrig wie die deine ist auch meine Erinnerung. Du weißt nicht mehr, warum wir uns immer seltener gesehen haben, obwohl keine von beiden umgezogen ist, aber

ich weiß noch, wie fremd wir uns auf einmal waren –
nein, du mir, so 'ne Andeutung, wegen ihm, aber das
passt nicht her, du nennst seinen Namen nicht, und ich
weiß ihn schon lange nicht mehr. Nein, ich war nicht
neidisch – jedenfalls nicht wirklich.

Warum ist er nicht hier? Ich halte dich einen Moment
lang fest, Freundin – Das habe ich doch nicht gesagt,
niemals, oder nicht im Ernst.

Ich habe es nicht gesagt, denn wir beide waren Freundinnen, das verlangt Feingefühl bei allem, außer bei so
etwas, da darf es schon mal derb zugehn ... weil the win-
ner takes it all und für den Verlierer bleibt Stroh in der
Scheune ... egal, ich werfe dir gar nichts vor ...

Nein, das habe ich nie gesagt, hätte ich nie ausge-
sprochen. Naja, dann entsorge es doch, wirf es einfach
weg, es genügt, wenn ich es nie gesagt haben möchte.
Deine Farben damals waren nicht die meinen, ich wollte
auch nicht auf der Straße rumbrüllen, und vor deinem
Abgrund habe ich nicht gestanden. Jetzt kannst du alles
sagen, ich werde dich verstehen. Klar ist viel Zeit vergangen. Für mich war es auch nicht leicht. Jeder verliert
und gewinnt.

Wir waren damals beide zu jung, er oder ich, und du,
und zu gescheit für jemanden, der uns entkommen ist.
Wir beide, untauglich für solche Nähe. Dafür waren wir
nicht gemacht. Uns stand ja auch die Welt nicht offen.
Das war doch unsere Schwierigkeit, sowieso. Seine und
meine. Wenn er einmal hätte zum Kudamm gedurft, vielleicht hätten wir dann unser Geld anders angeguckt, und
es hätte alles geklappt, kann ja sein, auch zu dritt. Er hat
nicht gern gegessen, was ich gekocht hab ... unsere alten
Rezepte ... weißt du noch? Man hatte ja nie alles. Nie!
Du hattest keine Prüfungsangst, hm. Sag ich doch, nie!

Das spielte bei der Sache damals keine Rolle. Sag ich ja. Ob er dir vorgesagt hat oder es nur gern wollte, das war mir doch egal.

Und wenn er für dich alles ausgerechnet hat und du brauchtest es nur abzuschreiben, das ist doch jetzt auch egal. Mir jedenfalls – nein, das nicht.

Wir waren Freundinnen und du hättest es mir sagen müssen. Nein, du hast ihn geheiratet – das ist ja wohl deutlich.

Ich will das nicht wissen. Alle haben es gewusst, nur deine beste Freundin nicht. Aber du weißt ja nicht mal, ob du damals die einzige warst, mit der er … egal.

Ich war immer neidisch auf dich, nicht nur deswegen. Wie alt ist die Kleine? Ach! Meine auch. Klar, machen wir, aber erst mal ohne die Papas.

Es war Anfang Dezember
neulich, grad eben
im rosa eisigen Licht

sagt er ihr
er ist ein guter Mensch
aber nun raus aus den alten Schuhn
endlich mal was für sich tun
was für sich absolut alleine
brauchen braucht er grade keine

da stand sie nun
mit der Angst im Bauch
er war eingehüllt in einen Kaschmirschal
ihr altes Tuch tat's auch

was wird er machen
von Geld versteht er nix
von diesen ganzen Sachen
Kredit aufnehmen, Geschäft aufziehn
das Geld dafür vielleicht geliehn
eine Gesellschaft gründen
von der sie beide nichts verstünden
in Immobilien
davon leben ganze Familien

will er Hütten einreißen
alte Freunde bescheißen
er hat nichts von einem Lumpen
aber sie würde ihm jetzt ungern
die Wagenschlüssel pumpen
seine Augen sind eine fremde Schlucht
in diesem Moment begeht er Fahrerflucht
sie denkt: nur nicht für ihn bürgen
und: für wie viel würde er mich erwürgen
sein Gehirn hat eine neue Uniform
und ich entspreche nicht seiner Norm

Antwort auf eine schöne Frage

Ich habe zugelassen, dass sich einen Herzschlag lang eine Tür öffnete und einen Blick gestattete, oder viele Hinblicke und ungewohnte Ausblicke, die auch unerwartete Einblicke waren. Ich sah unbetretenes Gelände, auf dem Atmen das befreiend Normale war. Für einen tiefen Atemzug dachte ich nicht an nötigen Eifer, Abzüge oder Wegzüge, sondern blieb einfach stehen, und alle irdische Bedrängung verschwand.

Ich wollte an etwas denken, das es gab und das gewesen ist, und vielleicht hätte es bleiben können.

So stand ich da und wollte es, kann sein, haben – als es klingelte, und eine freundliche Frau legte mir wunderschöne Blumen in die Hände. Als ich nach dem Namen des Absenders fragte, legte sie die Finger auf ihre Lippen, auf ihren Mund, und ich stand da, fraglos und zweifellos – und da war wieder dieses Türchen. Sonst verschlossen, und nun, sich öffnend, gab es keinen Zweifel.

Etwas, das nicht sein konnte, gesellte sich wie aus Erinnerungen zum Augenblick.

Ich wusste, wer mir die Blumen geschenkt hat. Und da ist wieder diese Tür, hinter der Momente geborgen sind, die bleiben sollen, so bleiben, bei offener oder verschlossener Tür. Es drängelte sich durch längliche Beschreibungen der gemeinsamen Freundin in einen fast luftleeren Raum, in dem alles aufbewahrt werden muss, weil es vielleicht noch einmal gebraucht wird. Als etwas, was deutlich bleibt, oder sich verändert, manchmal nahe ist, wehtut und tröstet. Woraus besteht es, ändert sich, atmet, wieso? Ist es, was mich immer wieder drängt, anderen meine Lieder in den Mund zu legen, sie singen zu lassen, was ich oft nicht sagen möchte?

Die Blumen machten mir weiche Hände und fanden besonderen Platz in meiner Nähe. Türen können sich automatisch öffnen – wie praktisch und wie langweilig. Besser: Wenn das Leben mir die Nähe ermöglicht, kann ich im einzig richtigen Moment die Tür öffnen und in das Dunkel Licht bringen.

Und dann schreib ich mir ein Lied, und vielleicht steht darin meine ganze Wahrheit. Ich grüße Dich.

Momentaufnahme

Am Familientisch würde ich nie den Rest aus der Terrine holen, ehe nicht alle Gäste geseufzt haben: Ich kann nicht mehr.

Die Familie sitzt um den Tisch herum und isst nach heimischem Brauch, was sie zuhause wegen Aufwendigkeit nicht herstellen.

Ich denke wieder einmal, dass ich den größeren Teil meines Lebens weniger mir selber als anderen Lebewesen gehört habe. Auch solchen, die auf der Durchreise waren und uns jeweils wegen einer der Töchter in Nötigkeiten drängeln wollten.

Ich erinnere mich an den einen, der uns zum Pyramidenspiel verleiten oder wenigstens das Geld dafür von uns pumpen wollte.

Ein anderer zog uns in die Peinlichkeit übertriebenen Alkoholgenusses, nur weil wir der anderen Tochter glauben wollten, dass es sich um eine herrliche Persönlichkeit handelt, die nur nicht mit ihren Tugenden rausrückt.

Als Mama wollte ich mich eine Zeitlang besonders nützlich machen, als beste Freundin, die auch falsche Entscheidungen um kostbarer Erfahrung willen fördert, solche, die hinterher niemand vorgeschlagen haben wollte.

Als Mama war ich ausgelastet. Ich kann nicht mehr – das wäre manchmal ein ehrlicher Ausruf gewesen.

Aber meine Generation würde sich schämen, so etwas auch nur zu denken, bis heute.

Habe ich gelebt? Mein Leben, mein ganz eigenes, auch das, was mir niemand abnehmen, was niemand an meiner Stelle falsch machen konnte? Wahrscheinlich stimmt die Mischung, und es kommt mir nur in Augenblicken nicht so vor. Am Computer manchmal, zunehmend seltener, oder wenn mir die Nachkommen die alten Bücher nicht abnehmen, die ich endlich loswerden will. Da halten sie mir ihre vor, die sie ganz bestimmt nie wieder lesen werden. Weg damit. Wenn ich alte Krimis loswerden will, muss ich sie nur unten im Hausflur hinlegen. Das ist der Weg in ein neues Leben für jeden alten Schinken.

Habe ich gelebt? Ja, mit allen Ecken und Aufhaltungen. Aber irgendwann doch pfiffig genug, eine Person zu werden, die sich auch mal um sich selber kümmert. Beim Hochblicken habe ich bemerkt, dass ich umstanden war von klugen Weibern, die mir helfen wollten, das konnten oder gelegentlich abwinkten.

Meine Zeit als Mama ist vorbei, das tut auch weh, das ist auch schwer.

Ich staune über meine Tochter als begeisterte Spielgefährtin der Tochter ihrer Tochter – auch ein kleines Weib, das mit drei Jahren schon anfängt, sich ihre eigenen Lieder auszusuchen. Wenn Frank sich erlaubt, zu Ostern einen passenden Gruß an sein Publikum zu richten und dazu die Weihnachtsmelodie benutzt, dann rügt sie ihn und singt ihm das eine wie das andere Lied vor.

Es geht also weiter – nein, mit Leni Marie fängt alles noch einmal an.

Aber das mit den Kerlen am Familientisch werden ihr die Eltern hoffentlich streng untersagen. So sehen die allerdings nicht aus.

Wenn du eintrittst in mein Refugium
in meinen besonderen Raum
Frida Kahlo, von Schmerzen geprägt
siehst du
Urschwiegertante Caroline Herschel
die mit ihrem Bruder in England
die Milchstraße fand
ihn findest du in jedem Nachschlagwerk
Greta Kuckhoff, Witwe vor dem Volksgerichtshof
das Glück von vorher trug sie in den Händen
schleppte es, trug es weglos zuerst
stellte es aus in Räumen
die ließ sie immer kalt
die Räume der Erinnerung
so, wie sie es mochten, Sie und Er
sie reichte mir gerade bis zur Schulter
die Sehnsucht nach dem Kind überließen sie
nicht den Schergen
schwer für den Jungen, so aufzuwachsen
die bohrenden Fragen vergilben nicht
die meisten großen Frauen sind erstaunlich klein
Lise Meitner, eine der unklugen Jungfrauen
aus denen kluge Frauen werden
sie war Jüdln auf einmal, Physikerin vordem, Wienerin
ihr könnt es nicht mehr austragen – Marie – Curie und du
das gefährdende Wissen lag nicht auf der Hand
eure Namen klingen so jung

aber zu euch gelangt man nur beim Suchen
in der Nähe von fettem Rauch
Olga Benario ähnelt den Madonnen der Maler
die malten, wie sie liebten
Angela Davis gehört in die Stille vorm Gehn
komm in mein Refugium, komm rein, sieh hin
und dann geh wieder, lass mich mit ihnen allein
keine Angst um mich, keine von uns kann ihnen
ähnlich sein

Ich habe das Glück gesehn

Es war kein vom Himmel gefallenes, kein von der Natur geschenktes, kein durch ein Los gewonnenes. Keins, über das viel gesprochen worden wäre. Ein gelebtes Glück, das anderen eher glanzlos erscheinen mag.

Das Glück ist eine alte Frau, zierlich, vogelleicht, die ihren Reichtum an Erfahrung nicht ausstellt. Man muss ihr abverlangen, was man wissen will. Ich sitze da und schaue sie an. Ganz offen, denn sie sieht kaum noch. Ihr Kopf arbeitet mit einer Genauigkeit, um die ich sie beneide. Ich sehe, dass sie ungewöhnlich schmale Hände hat, mit sehr langen Fingern. Sie hält die Hände immer in Höhe ihres Mundes. Sie spricht deutlich, eher langsam. Das kann durch ihr genaues Denken kommen, vielleicht aber ist das auch einem Teil des Glücks zu verdanken, nämlich den 81 Monaten Schwangerschaft, die sie erlebt hat. Sie hat neun Kinder auf die Welt gebracht, und es gelingt mir nicht, ihr auch nur eine Klage über die körperlichen Zumutungen zu entlocken. Da sieht sie mich erstaunt an, als ich sie frage, ob sie nicht doch einmal gedacht haben mag, es sei genug. Immer und jedes Mal Freude, Vorfreude, die ganze Zeit lang, bis es sich zu den anderen Kindern gesellte. Wie konnte das gehen?

Er war ihr einmal an Dienstgrad weit überlegen – der einzige Abstand, den sie in einem ganzen langen Leben zueinander hatten, aber arbeiten konnte sie da schon. Sie war Krankenschwester, Sachbearbeiterin, Trümmerfrau, und die Steine wurden damals in die Hand genommen

und abgeklopft, Handschuhe gab es für die Trümmer-
frauen noch nicht. Als sie ihren späteren Lebensgefähr-
ten zum ersten Mal sah, dachte sie: Oooh. Sie war dann
auch Sekretärin, und einer der ganz großen Momente in
ihrem Leben war der Augenblick, als das Aufgebot aufgehängt wurde. Um russisch zu lernen, ließ sie sich in die
erste Offiziersschule für Dolmetscher versetzen. Da hatte
sie noch Zeit für sich, um etwas zu lernen, was ihr Mann
schon gut konnte: die russische Sprache. Russisch. Sie
sagt: »Die Liebe war vom ersten Tag an.« Ihr Mann wurde
nach Prenzlau versetzt, als Regimentskommandeur. Sie
schaffte es, selbst nach Prenzlau versetzt zu werden und
nahm ihre Mama mit, die vorher in Weimar allein lebte.
Von diesem Zeitpunkt an lebte sie das Leben ihres Mannes und das eigene, immer mit den Bedingungen, die
ihr seine Entwicklungen bereithielten. Offizier war er,
Arzt wollte er werden. Von beengten Wohnverhältnissen
zu den nächsten, die kaum besser waren, richtete sie
die Möglichkeit zum Zusammenleben der Familie immer wieder ein. Er sollte Arzt werden, so wollte sie es,
weil sie wusste, dass dieser Traum für ihn erfüllbar war.
Allerdings musste er dazu nach Jena. Nach einem Jahr
konnten sie ihre Trennung beenden und sich über die
Geburt des dritten Sohnes freuen. Sie lebten in Jena mit
Hilfe der Großmutter, den Alltag bewältigend, mit sehr
wenig Geld, alles ausprobierend, was man an einfachen
Gerichten auf den Tisch bringen konnte. Ich frage sie, ob
sie nicht etwa nach dem dritten Kind manchmal den Gedanken hatte, es wären nun genug Kinder und sie könne
ihre eigene Bildung und ihr Streben besser angehn. Da
sieht sie mich erstaunt an: »Aber dann wurde doch unsere erste Tochter geboren. Wir waren so froh. Nach drei
Söhnen die erste Tochter. Natürlich hatte ich reichlich

zu tun. Damals gab es keine Windeln aus Zellstoff. Es musste alles gewaschen und gebügelt werden, um die Kleinen zu versorgen. Aber danach kamen wieder zwei Söhne. Außer gesellschaftlicher Arbeit konnte ich nicht mehr in eine hauptamtliche Tätigkeit zurückkehren. Aber ich war mehrere Jahre für den Demokratischen Frauenbund im Wohnbereich zugange und war im Elternaktiv der Schule.«

Aber irgendwann hatten sie es doch geschafft – er war Arzt, sie konnten in Berlin eine Wohnung beziehen und schließlich ein Haus mieten. Bei neun Geschwistern muss man Regeln erfinden, damit jedes Kind sich beachtet und geliebt fühlt. »Wir haben es so gemacht: an unserem großen Familientisch war jedes große Kind Pate für ein kleineres. Der Pate musste auf saubere Hände und auf die Tischmanieren achten. Er war aber auch verantwortlich dafür, dass die Bedürfnisse des einzelnen Kindes befriedigt wurden.«

Ich gucke sie mir an und denke: Wie hat die das gemacht? Ich war schon ziemlich gefordert, als ich mit drei Kindern lebte und nebenbei versuchte, mich als Freischaffende zu entwickeln. Sie sagt, dass jedes Kind anders ist, auch wenn es neun Geschwister sind. Und mit jedem Kind muss man anders umgehen. War der Große ein ruhiger, so wurde ihm ein Kind zugeteilt, das sehr lebhaft war. Das ist merkwürdig gut gelungen. Die Paten und die zugeteilten Kleinen sind inzwischen erwachsene Leute, »alle haben gelernt und studiert, alle stehen im Berufsleben und haben mir zwanzig Enkelkinder und vierzehn Urenkel geschenkt, bis jetzt«.

Bisher war immer eins unterwegs, wenn woanders gerade eins geboren war. Das Glück, das ich sehe, spüre und erfahre, war eine große Liebe, die sich in 65 Jahren nicht in ein aufdringliches »zu nahe sein« verwandelte. Sie wurden einander nie wie Verwandte, die man zu gut kennt. Woher kam das? Der Mann wurde immer übermäßig gefordert, hatte eine Karriere, die ihm nicht erlaubte, viel Zeit für die Familie aufzuwenden. Und dennoch empfinden die »Kinder« seine Nähe und die der Mama, die den Pa immer an die erste Stelle setzte und doch verstand, alle Kinder so zu lieben, dass sie bis heute über ihre Kindheit lächeln, lachen und in ihren Erinnerungen nahezu weise sind. Dass diese Person, diese dünne Frau, den Tod ihres Mannes immer noch nicht als eine Trennung gelebt hat, das senkt sich mir tief ins Herz. Wenn sie abends zu Bett geht, legt sie ein großes Foto von ihm auf das Bett, in dem er jahrzehntelang neben ihr geschlafen hat. Am Morgen erzählt sie ihm, was sie für den Tag vorhat, schaut sich eine Weile sein Bild an und, so sagt sie, fühlt sich danach besser.

Der Sohn, der mich zu ihr gebracht hat, der uns reden ließ und dann doch noch teilnahm, hat die Lebenswerte von seinen Eltern genommen und lebt sie so, dass er einen Teil davon für sich verwirklichen kann. Leicht hat er es auch nicht gehabt. Aber das gilt in dieser Familie als normal. Man bewältigt Konflikte, sogar den Untergang eines Staates, der einmal Heimat war. Ich weiß nicht, wie lang die Strecke dieser kostbaren Person ist. Ich glaube, darüber denkt sie nicht unentwegt nach. Zu den Kindern hält sie Kontakt in der von ihr erwünschten Weise. Die Enkelkinder sind Lieblinge, aber man kann ja nicht mit fast fünfzig Nachkommen ständig telefonieren und nur selten treffen alle zusammen. Aber manchmal kommen alle. Schon bemerkenswert, dass sie sehr unterschiedliche Charaktere sind. An die Kindheit denken sie alle in gleicher Weise: lachend, mit vielen Anekdoten, aber der

Respekt ist noch dann deutlich, wenn der Sohn mir erzählt, wie Pa zu strafen pflegte. Angst hatten die Kinder vor ihren Eltern nicht. Sie wurden weder geprügelt noch in ihrer Würde verletzt. Die kleine zierliche Person vor mir hat eine Lebensleistung vollbracht, an der ich mich nicht messen kann. Worauf sie verzichtet hat, war ihr kein Wunschtraum und kein Konflikt. Sie hat die neun Kinder ausgetragen, über körperliche Befindlichkeiten oder gar Einschränkungen ist mit ihr nicht zu reden. Ich hatte es beim dritten Gespräch eigentlich erwartet, dass sie nun doch mit unerfüllten Wünschen, mit Traumreise oder zur Abwechslung mal schöne Einsamkeit rausrückt. Aber da spreche ich wohl eine Fremdsprache. Ohne ihren Mann? Nur wenn es durch seine Arbeit sein musste.

So sind wir in der Regel nicht. Keine von uns. Und ich bin zum Glück zu alt, um jedes Nachdenken in Handeln umzusetzen. Ich denke, wir beide bleiben, wie wir nun eben geworden sind.

du solltest gesunden
nun leg ich oft kalte Hände
auf Narben und neue Wunden
ich kann in unsern Blicken lesen
manches ist eben gewesen

liebevoll, von ganzem Herzen
und unbedacht
von alten Sünden genesen
gaben wir einander die ganze Macht
in Briefen und Versen kann ich das lesen

wir haben die Liebe nachhause gebracht
für Jahre und manchmal Sekunden
du hast dich manchmal davongemacht
und mich unterwegs gefunden

ich werde zu dir hingehn
und dich in aller Ruhe ansehn
egal, was ich dafür bezahl
bitte lach wieder mal ...

Das war eben erst

Heute morgen wollte ich in Ruhe frühstücken. Die Freundin hatte mich mit frischen Brötchen und schon gefüllter Kaffeemaschine überrascht. Und ich nahm mir etwas Zeit – neben meiner Tasse lag die Zeitung von heute. Mein Blick nahm die große Zeile auf der ersten Seite wahr – beinahe hätte ich angefangen zu blättern. Für einen Moment war es wie ein Wiedersehen, ein Zulassen, dass der Inhalt der großen Zeile sich ohne weiteren Aufwand an den Platz in meinem Gehirn begeben würde, an den seinesgleichen gelangt. »Rechter Terror ...«, also wie gestern, wie früher, wie damals ... es geht mir durchs ganze Leben all das Lauthalse nach ... Das habe ich in meinem vorigen Leben geschrieben, es wurde gedruckt, und wir haben zuhause darüber geredet, warum mich Alarmsignale erschrecken und große Glockenschläge auch, wie die Sirene, die uns in den Keller am Alexanderplatz schickte, ins große Haus gegenüber. Unterwegs hoben wir noch heiße Flaksplitter auf, und wenn die Entwarnung erst nach Mitternacht kam, brauchten wir am nächsten Tag nicht in die Schule.

Manchmal denke ich, es sei vielleicht alles gesagt, gereimt, aufgeschrieben, gedacht, was zu sagen oder zu bekennen war.

Schon verlockend, sich rauszureden auf sich, auf Unbehagen, auf langjährige Überforderung. Ihr Lieben, gebt mir endlich ein Recht auf nichts als Ruhe und Entspannung. Ich sage das besser nicht, sonst gibt es wieder dieses Abwinken der Angehörigen, diesen Ton von leichter Langeweile, von Überdrüssigkeit, sich immer den gleichen Quatsch anhören zu müssen.

Was ich immer schon mal sagen wollte, oder endlich mal zugeben, oder weit zurück endlich richtigstellen, das hat jetzt seine Chance.

Also macht euch auf den Weg, Freude von gestern, Trauer bis zum letzten Lebensmoment, Dankbarkeit für unvergessliche Hilfe.

Und endlich mal unaufgeregt vermerken, was wichtig war und seinen Platz gefunden hat.

Noch kein Abschied, aber ich bleibe mal stehen und sehe mich um, wen es noch neben oder hinter mir gibt.

Längst nicht jeden, der mir unersetzbar war, bis er es sich selber nicht mehr sein konnte.

Nicht wirkliche Trauer, aber doch Bedauern um den, der seinen reifen Verstand nutzte, um – nicht auf einmal, sondern trotz aller Skrupel am Ende doch! – davonzugehen in ein gedacht leichteres Leben, mit weit offener Welt, vermeidbaren Bindungen – nie wieder –, aber endlich tägliche Weltpresse und Massen von möglichen neuen Freunden, Verbündeten, mit einer immer vermissten Auswahl von Andersdenkenden, in deren Mitte Freunde stecken, alles kein Problem, erstmal Luft holen, ferne fremde Länder besuchen und ganz andere Meinungen hören, man muss die ja nicht übernehmen – bei sich selber bleiben, sowieso, das war hier auch in Gefahr – erst einmal im Leben sich was gönnen.

Weil wir uns gut verstanden, damals, haben sich einige, auch aus unserer gemeinsamen Arbeit, vorerst von uns verabschiedet. Manchmal ist sogar jemand aus der großen weiten Welt zurückgekommen. Abschied und Wiederkehr, jeder war ein Einzelfall.

Schwer zu beantworten ist die Frage nach Mitschuld, nach Verschulden durch Aufhaltungen, durch immer schwerer zu erklärende Vorwände – wofür?

Für scheinbar gerechtes Nein – wer bin ich, dass ich etwas anderes einbringen kann als Verständnis für den Einzelfall. »Wir weinen denen keine Träne nach?« GONG-SCHLAG !

Einen solchen Satz darf niemand sagen! Niemand hat das Recht, mitten im Bedauern und der Suche nach Lösungen ein Urteil über ein ganzes, zu Teilen trauerndes, aufgeregtes, getriebenes, alte Fehler immer »von oben« gerade austragendes Volk auszurufen.

Das war ein Lebensmoment, wo wir nachgeguckt haben, ob die Koffer im Ernstfall reichen würden.

An der großen Haustür die neuen Raketen und im hohen Büro nicht hinnehmbarer Hochmut, das war beinahe ausreichend. Aber wir hätten nie die Kinder zurückgelassen, also blieb es ein Gespräch, ein kurzes Bedenken, was uns das verlockende Angebot für meinen Mann bringen würde, es reichte nicht wirklich für einen Konflikt.

Wir blieben zuhause und haben es nie bereut. Die Einwände und die Themen blieben auch, spitzten sich zu, waren auszustehen, aber manchmal auch wurden sie mit der Faust auf dem Tisch beendet. Immer in großen Zusammenhängen, und es war fast nie meine Faust, aber das ist ein anderes Thema.

Junger Freund,

weil du gerade aufgeschlossen bist, mehr als sonst, weil du gerade nicht ungeduldig zurück willst zum vorhin abgelegten Zeug – die Illusion möchte meinen, zum Buch, zum Schuhschrank, damit du nicht zu spät zum Treffen kommst –, was empfindest du, wenn ich dir sage, dass Er mit zwanzig in Handschellen auf einem Bahnsteig stand. Was er gemacht hat? Nichts, er war geboren worden, von einer sogar blonden Mutter, aber sein Vater war Jude. Er selber war noch gar nichts, nur ein Junge, der die Schule nicht mehr und nie wieder und nirgendwo besuchen durfte.

Welch ein Glück – was für ein Wort! – dass Peter Edel an sein Todesurteil noch nicht glaubte. Sonst hätte er sich vielleicht trotz der Handschellen vor einen einfahrenden Zug geworfen. Aber er war ja noch nicht allein, noch nicht einsam. Viele Leute eilten vorbei, stiegen ein und aus, kamen eben an oder machten sich auf den Weg, wahrscheinlich nach Hause.

Nicht alle! Eine, eine einzige junge Frau sah auf seine Handgelenke, sah in sein Gesicht, blieb noch stehen. Ob sie wusste, wohin der erwartete Zug ihn transportieren würde – und was das für ihn bedeutete – wahrscheinlich nicht. Wenn er darüber sprach, öfter, dann war es immer, als müsse er sie in Schutz nehmen. Er meinte, sie muss es ja vielleicht nicht einmal nachträglich erfahren haben. Das glaube ich nicht, aber wer bin ich, um ihm darin zu widersprechen.

Wir saßen in seinem Arbeitszimmer. Er dachte nach: Wie baue ich die Fragen für den Globke-Prozess. Was muss man, kann man sagen – was sage ich zuerst, das Wichtigste, belegbare, oder sollte ich die Details türmen bis zur ganzen furchtbaren Wahrheit über die Schuld der Männer, die hier angeklagt sind.

Wir trinken Kaffee, alles ist so unerträglich normal. Ich kämpfe Gefühle nieder, auch solche der Überforderung. Ich bin ganz bei ihm, er soll alles aussprechen dürfen, dazu haben wir uns heute getroffen, aber in meinem Kopf entstehen Bilder, die ich nicht sehen, nicht wissen will.

In diesen langen Zwiegesprächen während der Niederschrift von zwei Bänden der Erinnerungen musste ich immer wieder ankämpfen gegen den Wunsch, er möge mir die nächste Bedrohung, die nächste Niedertracht ersparen.

Mehr über Esther, über euren gemeinsamen Kindergeburtstag, bitte. Über die Hochzeit, als der Standesbeamte aufstand, zum Fenster ging und eine Weile zu vergessen schien, dass da zwei sehr junge Menschen gerade den Bund fürs Leben unterschrieben haben.

Nachher gehen wir beide die Friedrichstraße entlang, freuen uns, dass sie wieder entsteht, mittendrin die Behausung für den Schriftstellerverband.

Dort werden wir uns alles anhören, bei vielem anderer Meinung sein, aber wenn ich Glück habe, wirst du dich melden, und gegen Ende, nie zu früh, etwas zu unseren Dingen und Bedingungen sagen.

Und dann gehen wir nachhause, du zu deiner Frau und ich zu meinem Mann. Er wird mich nach dir fragen, und morgen darfst du ihm wieder mit deiner alten hässlichen Aktentasche das Auto zerkratzen. Das darfst du, nur du.

Wer den Stift in der Hand hat, und wer ihn kannte, der soll ihn beschreiben.

Ehrlich! Ohne Rücksicht darauf, ob es eine lebenssüchtige DDR gegeben hat, die ihn als Kronzeugen aufweisen konnte. Wozu ihn aus der Bundesrepublik niemand einlud. Der um seine Würde gebrachte Mann baute sich seine Würde auf. Mit seiner Arbeit und mit seinem Verhalten als Bürger, als Freund und als Genosse. Das war er, ein mitdenkender kritischer Linker.

Mit deinen magersten Wörtern, von mir aus, sag mir, was du empfindest, wenn du ihn dir vorstellst: mit Handschellen, wenig über zwanzig Jahre alt, auf einem Bahnsteig stehend, den prophezeiten Weg in ein Lager vor Augen.

Mein Mann hat später das Auto wochenlang nahe dem Haus stehen lassen. Er hatte dem Freund versprochen, dass wir seine Frau aus dem Krankenhaus abholen, auch den Koffer mitnehmen und nach Hause bringen.

Es sollte der Abschied sein, aber den hat es für uns nie gegeben.

Es gibt nichts Schöneres, als Unrecht zu haben. In Weißensee ist ein Haus wieder erstanden. Auf seiner Straßenseite steht der Name:

Peter Edel. Mein Freund, mein Bruder fürs ganze Leben.

Und nun, liebe Bürger
gehn wir schlafen
und lassen all den braven
Politikern das Spiel
sie werden es schon richten
ich geh von Liebe dichten
denk wenig, fühle viel

das Volk darf nicht so mauern
bei all der hohen Müh'
nicht nur auf Fehler lauern
den Mann auch mal bedauern
und abwähln nie zu früh

den Stachel etwas heben
nicht hoch, rät dir der Brauch
kostet zwar nicht das Leben
doch Wohlergehn zählt auch

gehn wir doch erst mal schlafen
ihr lieben Bürgersleut
und geben all den braven
Politikern mehr Zeit

sie werden es schon packen
mit ihrem festen Griff
und sei es unser Nacken
oder das nächste Riff

wir sind beschützte Menge
als braver Untertan
und spürn die neuen Zwänge
im deutschen Kippelkahn

Ich sag es dir

Alles soll mich erinnern. Immer! Alles, was mich erschüttert hat, hochgetrieben, in den Rücken geboxt. Was in mein Gehirn gelangt ist, in meine Seele, in mein Herz.

Ich will mich erinnern, was mich innerhalb eines Augenblicks beeinflusst hat, verändert oder erschreckt, weil ich es anders wusste oder glaubte oder vorher nicht erkannt habe. Ich will wissen, was meine Augen gesehen haben.

Die Straße Unter den Linden, einmal mit einem Netz überzogen und mit kleinen Tannen bestückt, um sie vor Bomben zu schützen. Nicht gerade erfolgreich, wie ich später sah.

Den Georgenkirchplatz weiß ich noch, ich kann ihn riechen, mit Bildern ausstatten, ich sehe die zerbombte Kirche so, dass es für einen Moment so scheint, als ob der große Platz nicht spurlos, vom Krieg zerstört, geräumt worden wäre. Mit dem Kino für Premieren, mit der Fläche neben der Straßenbahn, das weiß ich doch noch, da haben sie mitten im Krieg am Samstag im Radio gesagt, dass die Ufa-Schauspieler am Sonntag mit ihren Blechbüchsen für den Führer Spenden sammeln, und wir sollen alle hingehen und spendieren, nein, spenden. In unserer Familie wollte niemand etwas spenden, aber hingehen und Filmschauspieler sehen, das schon.

Besonders meine Mutter, für die war das Kino ihr allerliebster Aufenthalt. Wir waren am Sonntag alle dort! Olga Tschechowa hat ganz laut mit ihrer gelben Büchse geklappert, und mit einer Zigarette im Mund hat René Deltgen ganz schnelle Schritte gemacht, immer hin und her. Jemand hat gesagt, dass er wegen Marika Rökk gekommen ist, aber die habe ich nicht gesehen und auch Olga Tschechowa nicht, da haben die Leute gesagt, dass die ihre Büchse schon voll hatte. Paar Leute haben gelacht, aber gleich hat meine Mutter an meinem Puffärmel gezottelt, weil wir gehen müssen, bei Oma was essen, aber die war schon beim Abwasch und ihre Töpfe waren leer.

Aus unserm Haus waren auch viele da. Die Glasers nicht, die hatten ja auch keine Wohnungstür mehr.

Als ich zwölf Jahre alt war, und wieder für ein paar Tage mit Mama in Berlin, musste ich für die Zeit in die alte Schule, wo ich für die anderen ganz fremd war. Ich musste mit der Klasse in eine Ausstellung gehen, meine erste, auch Unter den Linden. Die hieß »Das Sowjetparadies«, aber es waren bloß böse Plakate, und meine sechste Klasse wollte schnell raus, obwohl wir lesen sollten, was da an die Wände geklebt war oder unter den Fotos auf den Bildern stand.

Erst Jahre später konnte ich diese Erinnerung einreihen in mein persönliches Gedenkbuch, verstand, was wir da gesehen hatten.

Denn nach dem Krieg habe ich Unter den Linden den Stein für die jungen Widerstandskämpfer gesehen, die jene »Ausstellung« angezündet haben und diese Tat mit ihrem Leben bezahlen mussten.

Wir haben 1946 gehungert, ich machte mich auf in mein eigenes Leben, es gab die Stromsperren, und ich muss da schon sechzehn gewesen sein, und demnach war der Krieg zu Ende. Das war viel wichtiger als jener verdammte Sonntag mit den gelben Büchsen.

Und Zarah Leander war auch nicht da. Ich hab mich immer gewundert, dass die Filme mit ihr so langweilig waren. Sie hat nie, nie den gekriegt, den sie wollte. Entweder war er vorher tot, oder sie. Dann hatte sie meistens einen Hut auf, mit einem schönen Schleier vor den Augen.

In Aspach im Innviertel habe ich einen Film gesehen, der war für unter vierzehn, deswegen durften wir rein, und da hat sie sich mit ihrem Vater fürchterlich gestritten, aber beide haben nicht gesagt, warum. Und am Ende war er tot. Aber vorher hat er ihr verziehen, ich weiß aber nicht, was.

Später habe ich auch einen schönen Film geschrieben und habe der DEFA verziehen, dass sie ihn nicht in die Kinos bringen, weil sie ihn erst gar nicht gedreht haben.

Als die Deutschen Angst hatten
Angst vor der Vergeltung
Angst davor, dass sie nun
gehasst, verfolgt und gequält werden
da haben sie sich nicht erst erkundigt
ob sie willkommen sind
sie sind geflohen mit wenig Habe
mit Kind und Hund oder Pferd
übers Wasser, übers Eis
die lange Straße
den langen Winter
in keine Heimat, in viel Angst vor dem Fremden
ja, das waren andere
alles war anders
als sie geflohen sind
um zu überleben
sie vergaßen
von wo sie so eilig unterwegs waren
und was sie hinterließen
trauerten dem nach, was sie besaßen
und fürchteten den, der sie auf Trab gebracht hat
sie hatten die Welt vorher nicht erfunden
und während die sich auflöste
schienen sie belehrt zu einem Nie wieder
und tauchten auf
mit Angst vor dem Fremden
wegen was war und wie nun und wer weiß wie es wird

Einen Kopf von mir

I

Was sie damit meint, weiß ich noch nicht, aber sie hat angefragt, und da ich nicht sofort abgewinkt habe – zumal ich gar nicht wusste, was ich soll und warum grade ich –, sagt mir mein netter Charakter: Du musst sie an ihre Arbeit ranlassen, sie zulassen. An den Menschen, der du warst, an die Frau, die du geworden bist. Dein altes Gesicht hat manchmal noch blitzende Augen.

Das wird man vielleicht nicht sehen, nach ihrer Arbeit. Eine Bildhauerin, was und wie macht die ihre Arbeit?

Sie kann glätten, etwas zurücknehmen von den Spuren durch Erleben.

Vertraust du ihr? Sie ist eine Bildhauerin, wer weiß, was die Hauerin an ihr ist.

Das ist keine Antwort. Bist du bereit, sie arbeiten zu lassen? Wissend, dass sie dich kenntlich machen kann oder wird – und dass sie vielleicht nichts zurücknimmt von dem, was das Leben war, auch war.

Das ist ihre Arbeit. Ich lasse sie zeigen, wie sie mich sieht: ob ich dann in mich zurückkehre, werden wir sehen.

Natürlich bin ich – was? Befangen – ja! Ängstlich? Nein!

Ihr Blick war anders. Ich sah sie und hatte nichts dagegen, dass sie mich durchschaut. Wir schauen uns in die Augen, sie und ich. Sie weiß es, ich weiß es: Das Alter hat sich niedergelassen.

Ihr schöner Blick war anders. Sie sah mich, und ich fühlte mich weder angegafft noch gewertet.

Was man Nähe nennt, erlaubte sich Umwege, oder Anläufe. Wir kamen ins Gespräch und sind darin vertieft bis heute. Die könnte meine Tochter, sogar meine Enkelin sein, aber unsere Nähe ist besonders, sie ist kostbar: Eine Nähe unter erwachsenen Frauen, die sich weder im Ton vergreifen noch in der Mitteilung. Jede könnte sofort einen Schritt zurücktreten, um sich der Belastung durch die Mitteilungen der anderen zu entziehen.

Ich glaube, das nennt man auch in einer Freundschaft nicht anders als Keuschheit.

Wie sie gelebt hat, woraus ihr das Interesse und das Nachdenken erwächst – oder die Veränderung ihrer Kunstwerke (falls es ihr wichtig ist) –, das kann ich verstehen, obwohl ich noch nicht weiß, wie sie entstehen.

Ich erlebe nur, wie sie sich ihrer Kunst widmet, manchmal unterordnet, das kann ich bis hierher von ihr erzählen.

Ein Phänomen bleibt es für mich. Ich verstehe es, soweit es mich beeinflusst, auch meine Gefühle weckt oder verändert.

Und war schon erstaunt, sie zu sehen, dieses Püppchen, pardon! das ist sie nicht, aber wenn sie vor mir steht, könnte ich denken, dass ihr eine Tüte Gemüse zu schwer wäre. Ein Irrtum!

Ich habe unsere Nähe zugelassen, weil es mir gefiel, wie sie mir die Hand gab, wie selbstverständlich sie in unser Leben kam, als hätten wir und sie vorher geübt – auch, wie zuverlässig sie war, als wir Hilfe brauchten.

Sie passte zu uns, dieses scheinbare Püppchen, diese kluge Gefährtin langer Gespräche – trotz der Aufhaltungen, die sie hinnehmen muss.

Christiane wurde in der DDR geboren, in einer Arztfamilie, ist in der Nähe unseres großen Bahnhofs aufgewachsen, hier in Berlin zur Schule gegangen, hat in Weißensee studiert und in der Nähe vom Prenzelberg ins Dasein der Erwachsenen geschnuppert.

Das Leben hat sie ins Sauerland gebracht, dort hat sie Aufgaben, um die sich niemand reißt, auch um Schulen und neu eingereiste Bewohner, für die sie manchmal der erste Kontakt in der Fremde ist.

Sie hat sich um ihren Mann und ihre beiden Söhne zu kümmern, um die ich sie beneiden könnte – aber ich versuche, ein bisschen teilzuhaben, weil wir uns ja begegnen. Da sagte beim ersten Mal der Johann: »Guten Tag, Gisela« und gab mir die schmale Jungenhand, und dann kam Bruder Heinrich, und mir war, als hätte ich die beiden schon immer gekannt. Danke, Mama – das liegt an deiner Art, mit der Familie umzugehen. Ihr vier seid ein gutes Team.

In unsere Art des Umgangs ist kein falscher Ton gekommen.

Vorsichtig wuchs unser Interesse am Entstehen von Bronzeköpfen, als wir beobachteten, wie das anfing und wie es weiterging. Neben den Gesprächen, mit Fotos. Ich hasse es, fotografiert zu werden, jedenfalls als alte Frau.

Und habe es zugelassen, weil sie die Fotos brauchte.

Reg dich nicht auf. Atme erst einmal tiefer. Sie hat hergefunden, das erste Mal zu uns. Aus Westfalen, hm. Immerhin! Fang nicht so an. Keine Ahnung, aber immer eine große Klappe.

Christiane hat schöne Augen, ihr Lächeln ist ein Teil von Nähe, die gut tut. Geh jetzt nicht zum Spiegel. Oder guck dich erst noch mal an: Ja, sie haben ihr Teil getan, die Jahre. Willst du ein anderes Ich gebären, ehe du dich durchschauen lässt? Ganz ehrlich: Du siehst nicht jünger aus, als du bist. Möchtest du das?

Als wir sehr jung waren, ging es immer um alles. Um Rankommen und Ranlassen. Damit war auch die Unversehrtheit von unbequemen Ansinnen gemeint, für die keiner was kann, aber jedes *Zu früh* ist ein bedenklicher Versuch.

Nun denkst du auch, du musst immer alles ganz nahe an dich ziehen, sonst bleibt dir zu wenig, um das es sich lohnt.

In der Jugend ging es aber um das nackte Leben. Um Wünsche auch, die noch keine Sehnsüchte waren.

Nun kommt die Absicht der Bildhauerin vielleicht zu früh. Aber du musst sie arbeiten lassen: An dem, was war, an dem, was daraus geworden ist.

Das wird man nicht sehen, wenn sie ihre Arbeit gemacht hat. Sie kann ein bisschen zurücknehmen – vielleicht.

Traust du ihr? Ich denke schon. Das ist keine Antwort. Bist du bereit, kannst du dich zurücknehmen? Wissend, dass sie dich kenntlich machen wird – du hast die anderen Bronzeköpfe gesehen, alle erkennbar.

Mein Leben ahnen zu lassen, ist ihre Arbeit, nicht meine: Ob ich später in mich zurückkehre, ob ich das kann, werden wir sehen. Natürlich bin ich – nun ja, nicht unbefangen.

IV

Sie sah mich, und ich spürte, es gibt nichts zu verbergen.

Uns kümmerten die gleichen Probleme, ob sie für die ganze Welt gelten, oder nur für dieses Land, in dem wir Bürgerinnen sind. Die Übereinstimmung der Meinungen zu den Dingen der Welt, bei uns und beim Nachbarn, ersparte uns Wege zueinander.

Ich habe sie bei der Arbeit gesehen und mich innerlich dagegen gewehrt, sie zu beneiden, weil sie die Jüngere ist, die sich noch ganz für ihre Sache hergeben kann, sich reinhängen, nahezu opfern, aus Interesse, aus Leidenschaft, aus Ablehnung der Entmutigungen, die ihr nicht erspart bleiben. »Ist doch viel zu schwer! Man, was so 'n Kopf wiegt, und du schleppst den, hast du das nötig?«

Wir haben uns die Zeit genommen, für ihre oder meine Arbeit, für geduldiges Stillsitzen, für Vorbereitungen, für Träumereien, was alles möglich wäre, auch in schwieriger Zeit.

Die Ausstellung ihrer Bronzeköpfe im Bürgerhaus in Berlin hat mir bewiesen, dass selbst die Porträtierten, die in erfreulicher Anzahl gekommen waren, das immer noch nicht ganz verstehen. Die Ähnlichkeiten nicht, und nicht jenes gewisse Etwas, das beim eigenen Bildnis gesucht wurde und ihnen fehlte, weil es dargestellt war. Und daneben diese schmale Person als Gestalterin. He, das ist eine erwachsene Frau, Mama und Künstlerin, Zeitgenossin, und ich habe das unverdiente Glück, auch jene Menschen aus gemeinsamer Arbeit zu kennen, die ich lange nicht mehr gesehen habe, aber nun kann ich vor dem Bronzekopf stehen und mich erinnern ...

Zum Beispiel an dieses mittelgroße Kind, den Dichter Volker Braun. Eben wollte ich sagen, dies sei das eindringlichste Porträt, das dir gelungen ist. Ich erkenne ihn wieder, ich erkenne ihn auch neu. Wir waren in der Arbeitsgemeinschaft Junger Autoren sozusagen Anwärter auf die offizielle Mitgliedschaft im Schriftstellerverband, später im Vorstand. Ich habe damals eigentlich so recht niemanden interessiert, während Volker die Verteidiger seines Talents schon um sich sammelte, als sein Aufmucken noch ganz halbherzig war. Das ist es eigentlich auch geblieben. Verteidigt von Anna Seghers, Christa Wolf und anderen Größen der Literatur hat er solchen Schutz immer verschmitzt genutzt, während er den nächsten Eklat vorbereitete oder herunterspielte.

Wann immer ich ihm begegnete, schien er mir kurz davor, erwachsen zu werden.

Und nun geht es mir wieder so, mit seinem Bronzekopf. Ja, sein Mund war so weich; wie bei einem Kind, das ihn gleich öffnen wird, um eine Kirsche oder einen tröstenden Finger zu halten. Ja, das ist er. Skepsis, Wille und ein ewiges Unterliegen, oder sagen wir Ausweichen vor einem höheren Plan. Er ist schon ein Mann, doch. Aber hinter den Ohren immer noch ein bisschen Grün. Kein Genie, aber ein Talent, aus dem nie eine wirkliche Persönlichkeit geworden ist. Oder wir sind zusammen nie in eine Situation gekommen, die mich gezwungen hätte, besser hinzuschauen.

Einmal doch! Da habe ich ihn gegen einen hochrangigen Funktionär verteidigt, der ein Gedicht von Volker bei einer Parteiversammlung benutzen wollte, um diesen

Dichter zu denunzieren. Ich musste dort auch hin, hatte mir gerade begeistert zwei große Köpfe Blumenkohl gekauft, die es sonst in Berlin nicht gab, und lief dem Funktionär Minuten vor dem Beginn seiner Rede vor die Füße. Er hielt mich auf und zeigte mir, was er gleich verkünden würde, das Gedicht von Volker Braun. Ich war entsetzt, denn das Gedicht war mit seinem Titel dem berühmten George Grosz aus der Schule unserer großen Maler gewidmet. Es hatte mit der DDR nicht das Geringste zu tun. Überzeugen konnte ich den wütenden Ankläger nicht, dazu reichten die paar Minuten nicht. Aber ich konnte ihm drohen, seine bekannte Eitelkeit benutzen. Ich sagte ihm, dass alle laut lachen würden, noch ein paar Worte der Erklärung. Ich bin dann wegen »dringendster Zahnschmerzen« mit dem Blumenkohl abgehauen.

Bei der nächsten gemeinsamen Veranstaltung fragte mich Volker Braun, was der eigentlich von ihm wollte, der Klatsch hatte ihn erreicht, nur fehlte die Pointe, weil jenes Gedicht ja nicht zitiert wurde und statt des Skandals nur eine allgemeine Unzufriedenheit mit Künstlern an sich geäußert worden war. Und was ich mit der Sache zu tun hatte. Nichts! habe ich gesagt, und das war das Ende der Debatte. Zurück zur Bildhauerin:

Zuerst habe ich mich in das wunderschöne Mädchen verliebt, das sein Selbstbewusstsein ausstellt, und schamlos zwischen dem sauren Apfel des Unerreichbaren und dem faulen Apfel des Ungenügenden auf sich selber beharrt. Und wie sie das tut. Der eine Arm darf ganz frei und locker sein, der andere hilft bei der Arbeit des Werdens und auf dem Weg zur Entscheidung. Sie lächelt ob der Mühe, und die hohe Stirn hilft wohl, aber die Leichtfertigkeit, die nur scheinbar ist, nimmt alle Übertreibung und alles Schamlose zurück in einen Willen, der sich mit Heiterkeit und Sinnlichkeit paart.

Dieser Affe hinter ihr, dieser Blödmann, muss sie nicht mehr interessieren. Er hat versagt, nicht sie. Sie trägt ihre Mütze der Revolution zu etwas hin, das noch nicht reif genug ist.

Aber es wird sein. Und beinahe wie ein dritter Apfel hat der Plan die Kraft in sich, die zur revolutionären Veränderung gebraucht wird.

Dieses Mädchen, so, wie sie da steht, hat sich nicht bewegt und ist doch in mein Leben getreten. Ich sehe sie mir jeden Tag an, weil sie mich erinnert.

Sie mahnt: Der Weg ist möglich, aber nur, wenn uns unterwegs nicht die Kraft ausgeht. Diese Kraft, die immer unerklärliche, die angelegte und mühsam durch alle Enttäuschungen hin nötige, immer auch vom Missbrauch bedrohte Kraft. Angetreten für alle und gelandet bei eigenen endlich erfüllbaren Wünschen.

An diesem Punkt des Wieder-Erkennens durch deine Arbeit leuchteten die Bilder und Wegschilder vor mir auf, auch die Ermannungen – sagt man nicht so? »Um nicht aufzugeben, habe ich mich unterwegs immer wieder ermannt.«

Du stehst vor mir, so weit weg du gerade bist, und ich sehe, du wirst alle Hilfe brauchen, um dein Werk zu schützen. Die Absicht ebenso, wie das Gelungene.

Ja, das ist sie, die Anna Hacks. Die ja eigentlich Anneliese hieß. Aber sie hat ihren Stil, ihren Hochmut und ihren schillernden Charakter mit zwanzig Jahren bewusst aus Teilen zusammengefügt. Auch ihr sehr schönes lockiges Haar genutzt. In Bronze sieht man das nicht, aber ich ahne es, über den Ohren kann ich es mir denken.

Die hohe Stirn, die sorgfältig geformten Augenbrauen und der spöttische, nicht wirklich sinnliche Mund. Ja, so hat sie die Hand aufgestützt, so ihr Gesicht jemandem zugewandt, der vielleicht nie wieder eine Freundlichkeit von ihr erfahren hat. Ihre Augen waren grau-blau und deutlich geprägt von irgendeinem Wunsch für sich selber, den sie gerade wichtig nahm. Eine Egoistin, die locker und lustig plaudern konnte und wahrscheinlich nicht gemerkt hätte, wenn neben ihr jemand verendet. Es sei denn, er hätte sie beim Sterben getreten.

Wenn man gerade Glück hatte und sie nicht störte, konnte man für eine Weile ihre beste Freundin sein. Wie ich. Das war mein Fehler, nicht der ihre.

Nun stehe ich vor dem Kopf von Hermann Kant. So viel Wahrheit – wie konntest du ihn so erkennen. Ich sehe ihn vor mir und muss dafür sorgen, dass er nicht anfängt, mit mir zu reden. Das ist er, aber ich muss mich hüten, dass Ich nicht anfange, mit ihm zu reden. Sehr mutig, Christiane.

Wer ihn kannte, sieht, wie alles von ihm so schwer Verborgene sich mit dem Spott und dem Selbstbewussten des Männlichen trifft. Ich hab ihn viel länger gekannt als du. Die Frau, die er wirklich geliebt hat, wurde ihm von einer männlichen Null abspenstig gemacht. Darunter hat er gelitten.

Dieser Spötter, dieser manchmal auch zynische Schlaukopf, dieser talentierte Diplomat hatte eine Herzkammer, die nach der Enttäuschung leer blieb. Wie unendlich traurig. So lange zu leben und niemals wirklich geliebt zu werden. Nicht einmal bedankt für seine jahrzehntelangen Bemühungen um ein leichteres Arbeiten seiner Kollegen. Meinen Respekt, Sympathie und Dankbarkeit für seine Arbeit im Verband – und als Leserin – hatte er schon vorher.

Als wir wieder einmal weiter oben erscheinen mussten, um etwas »zu klären«, habe auch ich ihn erst einmal reden lassen und mich dann angeschlossen.

Später waren solche Tricks verschlissen. Wir waren aufsässig, alle. Die Zeche dafür hat er bezahlt. Sie haben gesagt: »Wenn er uns noch einmal damit kommt, entweder ... oder ich lege nieder«, dann sagen wir »Bitte sehr«.

Ach, und die Gisela May. Ich habe ihr Lieder geschrieben, wir tüftelten gemeinsam an einer Fernsehsendung für Chansons, das war nicht so einfach. Sie wollte eine undurchschaubare Persönlichkeit sein. Wir haben miteinander geweint, als wir während der Aufnahmen einer Liedersendung erfuhren, dass in Brandenburg ein Flugzeug abgestürzt war, mit einer Schulklasse aus Schwerin. Und dass ganz normale Bürger zur Unfallstelle geeilt waren, um Gepäck zu stehlen. Ich weiß noch, dass wir das nicht glauben wollten.

Ein Meisterwerk ist Inge Keller. Für diese Arbeit sollte dir noch viel Ruhm und Dank zuteil werden.

Das ist sie, war sie, die Schauspielerin Inge Keller. Das ist mir aufs Herz geschlagen. Ich werde jetzt nicht aufzählen, was alles du erkannt hast und mit deinen Mitteln an uns weitergibst.

Ich habe sie bewundert, wenn sie, unberührbar auf der Bühne, und von nahezu gefährdendem Stolz durchdrungen, scheinbar nur aus Leichtigkeit bestand und, als wäre das gar nichts, eine Geschichte erzählte, als hätte sie die eben erfunden oder schon aus dem Paradies mitgebracht. Sie hatte die Fähigkeit, der Sprache ganz ihre

Kraft zu geben und dabei der Rolle den Charakter und die Dramatik zu lassen. Du hast ihr einen Blick gegeben, als sollte ich sie, die Unnahbare und zugleich Intime, endlich einmal bei ihr zuhause treffen. Ich bewundere dich dafür.

Und wenn ich überlege, wen ich dir gern in die Hände spielen würde, dann fällt mir nur ein Mann ein, eine Persönlichkeit, längst nicht genug gefeiert und für seine Lebensleistung bedankt, mein alter Freund Täve. Ich würde so gern, dass du ihn inmitten seiner vielen Töchter triffst und uns einen Kopf, einen Bronzekopf, von Täve schenkst.

Zu seinem Ruhm, zu unserer Freude.

Tiefer Atemzug:

Wenn ich könnte, was Du kannst, ich würde niemanden in Ruhe lassen, den ich auf die Dir eigene Weise erkunden und freigeben will.

In meiner Seele hat sich ein kleiner Saal eingerichtet. Ganz einfach.

Eine Tür hat sich geöffnet, das bleibt so. Und wenn ich genau hinschaue, dann hast Du schon Platz genommen.

Fühle Dich bedankt und umarmt, grüß die Deinen von Herzen

Gisela

Wenn es nicht mehr so ist
so heiß nicht mehr
weniger gewaltig
nicht mehr lustig
dann haben wir uns das angetan

Welchem Sturm reiß ich die Fenster auf
in welchen werf ich zu altes Papier
wie lass ich verschluckte Flüche raus
wie reiß ich dich mit
wieder auf die Beine
in ein Wagnis
statt dass ich mit dir weine

oft begütigt, wo Strenge nötig war
gesalbt, statt Schorf aufgerissen
Ängste schonend verborgen
man krümmt doch einander kein Haar
Vorschuss auf Liebe ab morgen
so haben wir sie eilig verschlissen
sie krankte an kleinen Rissen

Früher sind wir an einem Krach gestorben
ein jedes hatte absolut recht
wie sündhaft warn wir da, wie schön verdorben
und alles so gnadenlos echt
ich bin zornig, weil ich das von uns weiß
es war gewaltig, lustig und heiß

Im Herbst eine Liebe haben
aus Süße und Blei für die Beine
schien manchmal so
doch dann war es keine.

Natürlich war es eine. Die Natürlichste, die mir je begegnet ist.

Wir haben uns geliebt, besessen, waren einander ausgeliefert, haben uns als Einzelwesen zurückgekämpft aus Enge, die beide nicht wollten, aus Vorschriften, die uns andere machten, in bester Absicht. »Du musst ihn versichern, wenn er krank wird, und du stehst alleine da, wirst du keine Rente für ihn kriegen ...«

Wir haben das zerredet, weil wir es unabgesprochen so wollten, und wie meist bei uns endete es mit Lachen.

Du bist bei mir, wirklich, das bist du. Ganz bei mir, lach nicht.

Einmal wollten wir, wie andere Leute auch, ein paar Tage Urlaub machen.

Beim Gedanken an die Kürze gastlicher Betten war die halbe Vorfreude weg, aber wenn man klug plant? Fahrn wir doch an die Ostsee. Im Mai? In die Kälte?

Er brachte zwei Päckchen mit und erklärte mir, das seien Kilometerzähler. Wir müssen mehr laufen, ich bin früher immer .. ja und ich noch nie gern ...

Wir fuhren an die Ostsee, alle im fremden Gästehaus für Künstler waren sehr nett, keine Schwätzer, keine

Säufer, keine Angeber, keine Abschaffer der DDR – der einzige Einwand, sie waren alle Kenner und erkannten uns auf den ersten Blick als Leute, die Rat brauchten.

Wegen der Wildschweine, die gerade ihren Nachwuchs gekriegt haben und für jeden Wanderer lebensgefährlich sind.

Wir haben alle Ratschläge und den Tag überlebt. Nun gut, mein Mann schickte mich ins Unterholz, als ich eine stille Stelle suchte, aber es war keins, sondern ein tiefes Moorloch, aus dem niemand allein wieder rausgekommen wäre.

Und wir sind auf Zehenspitzen an den Suhlen der Wildschweine vorbei, selbstbewusst, bis sich einer anschickte, uns sehr schnell zu folgen. Wilhelm mit einem großen Ast in der Hand, mir unentwegt Order zurufend, bis ich mich umdrehte und ganz ruhig fragte, warum er mich so anschreit. Es war blöd und gefährlich, aber wir konnten vor Lachen nicht laufen, und jeder von uns beiden umarmte einen Baum, während Papa Wildschwein nach Hause lief.

Als wir endlich wieder im Hotel waren und alles Irdische von uns warfen, entdeckten wir ein bis heute nicht gelöstes Rätsel. Wir waren zusammen losgegangen, zusammen heimgekehrt, hatten uns unterwegs kaum voneinander gelöst – und trotzdem: Meine Zahl vom Messband wies 17 km aus, die seine 18 km.

Uns wurden dort und zuhause viele Erklärungen angeboten, aber wir beide haben keine geglaubt.

Du bist bei mir, Wilhelm, immer, jeden Augenblick. Ich öffne deine Schranktür, da hängt deine grüne Schafwolljacke, die dich wärmen konnte, also hat sie das ewige Leben. Dein Sessel mit den vielen möglichen Eigenschaften benimmt sich, wie du es liebst: Er rührt sich nicht von der Stelle. Ich trage neben meinem deinen Ring, und stell dir vor: die Schwalben sind wiedergekommen – nicht mehr in sechs Höhlen, sondern in zwei, aber ich konnte Leni zeigen, wie die ganze Verwandtschaft zu den Flugübungen einschwebte.

Dein Foto, meins, das unsere. Leni vom ersten Tag an, bis jetzt.

Ich habe dir etwas zugemutet
deine Augen haben ruhig abgewartet
mir hat das Herz geblutet
um dich, wann das Böse wohl gegen
uns startet
du hast nach meinen Haaren getastet
mich in den Arm genommen
und wir sind wie von einem weiten Flug
zurück auf unsre Erde gekommen
du hast mich an den Tisch geführt
da konntest du kaum noch etwas sehen
du sagtest, dass mir ein Platz gebührt
aber den musst du erst noch erfinden
ich hab dich gefragt, falls du mich liebst, warum?
du hast gesagt, abgesehn von andrem
du bist manchmal liebenswert stumm
beinahe ganz genau wie ich
und darum liebe ich dich
und falls dich jemand irgendwann fragt
ob du mal geliebt worden bist
antworte: Er hat es mir gesagt
da schneidet kein Engel einen Faden ab
wir sehn uns immer irgendwo wieder
weil ich dir das versprochen hab
sieh mich an: ich bleibe dein Mann …

Mein lieber Mann,

warum haben deine Eltern dir so altmodische Vornamen gegeben: Wilhelm, Ernst und obendrauf noch Martin. Hätten sie es nicht eine Nummer kleiner gehabt? Der Verweis auf die männlichen Ahnen gilt nicht, da hätten sie dich ja auch Humpelbert vom Himpelzwerg nennen können, bei euch kam ja fast alles vor.

Samuel hätte mir gefallen; was sollte mich denn mit einem Wilhelm verbinden, wenn nicht mein ganzes Leben.

Ich habe jeden Versuch einer modischen Veränderung abgelehnt, und es passte ja zu deiner Länge und deiner vollkommenen Fähigkeit, Alltag zu gestalten. Wie schnell sich das durchgesetzt hat; nannte dich vorher kaum einer so, haben dich dann alle nur noch so genannt, bei deinem altmodischen Vornamen Wilhelm, der geschmeidiger wurde, je mehr Leute ihn benutzten. Ich erinnere mich mit Vergnügen, wie dich die nicht durchgängig männerfreundliche Alice Schwarzer aus Köln in Berlin umarmt hat, dabei sehr lachte und dreimal hintereinander den ihr ungewohnten Vornamen aussprach. Und dann sagte sie zu mir: »Du immer mit deinen Männern. Aber naja, so ein langer, das kann ich schon verstehen ... schon eher ... meine ich.«

Schöner Augenblick mit einer klugen besonderen Frau, vor der ich großen Respekt habe. Für ihre Rolle beim Kampf um unsere Weiberrechte war sie eine Verstärkung, und ist es bis heute.

Ich dachte, dass dein männlicher Vorname durch dich eine kurze aufflammende Ehre bekommt, und dass ich ihm nirgendwo sonst je wieder begegne.

Vor zwei Jahren wurde achtzig Kilometer von Berlin ein Zwillingspaar geboren. Die eine von beiden heißt Wilhelmina, ihre Schwester heißt Miranda.

Ich hatte sie beide schon auf dem Schoß. Minchen hat mir meinen Ohrring abgepflückt, während Mira auf meine beiden Trauringe aus war.

Zum Glück gehört eine unterdrückte Träne, ein Augenblick innerer Ruhe, und eine Freude, die man sich selber glaubt.

Meine Freundin ist die verliebte Tante, und wenn ich es recht sehe, plant sie schon die nächsten zwanzig Geburtstage und mittendrin den ersten Ball.

Wilhelm, umarme mich, dann ist keins von uns beiden allein. Wäre schön, die Hand zu heben, um den Fluss der Dinge aufzuhalten.

Vor Sonnenuntergang
will ich dich sehn
als wäre es das letzte Mal
und nichts darf mir entgehn
die Falte da
schuf meine Ungeduld
und wie dein Lächeln nun
geworden ist
das ist dein Verdienst und meine Schuld
ganz hinten in den Augen
wuchs die Gelassenheit
dass wir einander taugen
kein Ton zu hören und wir weinen nicht
umarmen uns in einem sachten Tanz –
    sekundenlang
vor Sonnenuntergang

Trotz allem »schöne Arbeit«

Die Niederlagen unterwegs, ob abgelehnte Filmszenarien oder untersagte Neuauflagen von Büchern, auch politisch gemeinte beauftragte schlechte Kritiken oder Einwände gegen nur eine Seite im gesamten Manuskript, einen Gedanken oder sogar ein Wort – diese Kämpfe wurden meist mit mehr Kraftaufwand geführt, als die Sache am Ende wert war, wenn die »Stelle« dann niemand mehr als besonders mutig wahrnahm.

All diese Aufhaltungen waren kein Unglück. Sie waren ärgerlich, aber unterm Strich – mit manchmal erheblichem Zeitverlust – kam es zur Gerechtigkeit, also Umstimmung der Obrigkeit. Das macht die Erinnerungen nicht harmloser. Das Wort Vermeidbarkeit schien eine Weile ein Fremdwort zu sein.

Beim 11. Plenum wurde ein Drehbuch erst verboten, dann doch gedreht – und bei der Premiere dachte ich, es wäre berühmt geblieben, hätte man das Drehbuch weiterhin als Beispiel für hirnlose Unterdrückung geistiger Arbeit angeführt. Ich darf das sagen, ich war die Autorin. Der Film hatte als verbotenes Manuskript seine große Zeit.

Trotzdem kann ich bis heute nicht darüber lachen. Denn der verbotene Band »Liebesgedichte« blieb ein Unrecht an den Bildenden Künstlern ebenso wie an den Dichtern, die ihr erstes Gedicht über Liebe in diesem Band veröffentlichen konnten. Mir wurde zugetragen, dass der eigentliche Verriss den Titel traf. Kleinbürgerlich, der Titel Liebesgedichte, kitschig. Ich weiß nicht, ob es stimmt, aber mir wurde gemeldet, dass ein »führender Genosse« gesagt habe, »Zusammenseinsgedichte« sollte sowas genannt werden, darum geht's doch, dass man zusammen ist.

Es war ärgerlich, war schmerzhaft, aber irgendwie machte es ein gutes Gewissen, nun auch zu denen zu gehören, die angegriffen wurden.

Als mir ein holländischer Verlag anbot, das Buch bei ihnen zu drucken, habe ich das abgelehnt. Der Ärger muss ausgetragen werden, wo er entsteht. Dachte ich damals und machte einen zweiten Band, auch mit Zusa... äh, Liebesgedichten, mit Fotos. Dazu gab es von der »Behörde« keine Reaktion.

Der glücklichste Augenblick meines Lebens hätte sein können, als mir mein Kind in den Arm gelegt wurde. Nicht gleich selig, nicht mit dem ersten Schrei, verschmiert und erschöpft, lachend und weinend, so hätte es sein können. Aber so war es nicht. Ich hielt die Tochter im Arm und empfand nichts, erschrak darüber, versuchte zu weinen, aber selbst dazu reichte die Kraft nicht mehr. Ich hatte dreißig Stunden lang schwer gearbeitet, war jeder Order nachgekommen, hatte keinen Arzt gesehen und die wachsende schlechte Laune der Schwestern, ihre zunehmende Ungeduld mit mir, schienen mir berechtigt.

So jung und zu blöde, das Kind rauszurücken. Zu blöd, um zu gebären, meine Güte, stellt die sich dämlich an. Das waren nicht die Wörter, das war vorübergehend meine ganze Welt. Die Mama neben mir, im selben Raum, weinte. Sie hatte eben ihren kleinen Sohn geboren. Den dritten, sagte sie, und ihr Mann hatte gesagt, wenn's kein Mädchen wird, braucht sie sich zuhause nicht blicken lassen. In den neun Tagen, die ich dort verbringen musste, hat er sie nicht besucht.

Und da war es nun, mein Kind, welk von drei Wochen zu langer Zeit in mir, ein unfreundliches Gesichtchen, ein fremdes, mein Wunschkind.

Ich kann es bis heute selber kaum glauben, aber auf einmal rann ein Tränchen aus ihren schon betropften Augen. Da war es, mein kleines Mädchen, ich hatte meine Tochter zu beschützen, zu lieben, und ich wusste, dass wir beide allein sein würden bei unserem langen Weg. Ihr Vater hatte sich »anlässlich« mit seinen Kollegen in einer Kneipe getroffen, und sie hatten sich auf unser Wohl besoffen.

Als ich mein erstes Buch in der Hand hielt, hätte das auch der glücklichste Moment meines Lebens sein können. Ich hatte zwanzig Jahre lang diese Gedichte heimlich gesammelt, und wahrscheinlich hätte ich gerade diese Weibergedichte nicht als erstes Buch sehen wollen – wäre da nicht seine Hand an meinem Rücken gewesen, nicht seine Frage, wie viel Zeit seit dem ersten Vers vergangen ist und vor allem: Dass er mir das Maß meiner Irrtümer so selbstverständlich zugestand.

Er hatte nicht einmal den Gedanken, man könne ihn schief angucken, weil seine Auserwählte nicht ohne Erfahrungen auf ihn gewartet hatte.

Wir liebten uns, ich hatte ihn als die Liebe meines erwachsenen Lebens erkannt und nichts vor ihm zu verbergen. Dass dies so einfach möglich war, kannte ich vorher nicht. Ich war erwachsen, hatte gelernt, zu verschweigen, zu verbergen. Oder auch zu leugnen, wenn es sein musste.

So hatten andere an mir getan, so ich an ihnen. Nicht immer, nicht an jedem, aber es reichte.

Es war die große und glückliche Veränderung in meinem Leben, dass all das, was sich ja auch im Charakter niederlässt, ersatzlos gestrichen wurde, ohne je benannt, geschweige zerredet zu werden.

Da waren wir nun, jeder mit seinem Vorleben, und die Liebe war andauernde einfache schwere Arbeit. Nie langweilig, nie Routine, nie Gewohnheitsrecht.

Unterwegs habe ich entdeckt: Wenn es endlich glücklich zugeht, wenn alles gut geworden ist, dann steht man da und ist so erschöpft, dass man nur schweigend vor sich hin gucken, es aber eigentlich nicht fassen kann.

Für Jubel gibt es selten Grund. Es wurde jemand zurückgelassen, da wurde wehgetan, vielleicht ungerecht oder unter anderem auch ungerecht. Es hat sich so viel Nüchternes verändert, und das war erst der Anfang. Deine Kinder, meine Kinder – da war die Lösung für mich einfach: Alles meine! Das wurde auch von niemandem angefochten.

An dir konnte ich, nie gelangweilt, beobachten, dass es eine Sicherheit gibt, deren Sockel man nicht nachbauen kann.

Weil du als Kind in dieser jüdischen und zugleich zum Denken freigegebenen Atmosphäre die Finger nach jedem Buch, nach den Klaviertasten, nach der Katze und dem Hund ausstrecken durftest, Freunde haben, sie mit nachhause bringen, Abenteuer mit riskantem Ablauf auslösen. Weil deine Ohren zum gefahrlosen Zuhören ermutigt wurden, darum fällt es dir so leicht, Harmonie auszuhalten und zu verbreiten.

Ich sehe mir die Fotos an, immer wieder. Ihr beide seid nicht blutsverwandt, aber das würde man nicht denken. Sie ist erst achtundvierzig Stunden alt, liegt auf deinen beiden gleichzeitig ausgestreckten Händen, deine Brille, dein Blick, dein Lächeln. Allein für diesen Augenblick würde ich dich hundert Jahre lang lieben.

Ihr beide bildet eine Einheit, etwas Unantastbares. Vielleicht ist dieser Augenblick der Schönste, und wir werden ihn nie überbieten können.

Aber wir hatten ihn, und er ist immer noch mehr als ein leichter Abdruck im Sand.

Unter einer Überschrift

Wir sollten, wollten uns unterhalten – was man eben denkt, und wie man eben redet. Über Kultur und Arbeit. Dazu eingeladen dachte ich, da können wir es doch gleich Kulturarbeit nennen. Man kann es natürlich auch trennen. Kultur ist vieles, von frisch gewaschenen Händen bis zu Kunstwerken, die dann viele Menschen bewundern, sogar in unterschiedlichem Maß verstehen. Kultur kann man sehen, hören, lesen, übernehmen, tanzen, von der Kunst kann man begeistert sein, das eigene Denken verändern, erweitern, und Kunstwerke können Erinnerung und Sehnsucht gestalten. Kleine Kinder lieben Bilder und wollen sie erklärt haben, ein Leben lang haften Lieder, die uns erinnern, uns zurückrufen; die nicht nur Erinnerungen wecken, sondern selber Erinnerung sind. Sie holen uns in vergangene Augenblicke mit eigenem Lachen, eigenen Tränen, tiefer Zustimmung und dem kostbaren Teil des menschlichen Zusammenlebens: die Übereinstimmung mit dem, was ein anderer aufgeschrieben oder gemalt, vorgesungen oder uns hinterlassen hat: Ein Werk, ein Lebenswerk vielleicht sogar.

Schöne Augenblicke, wenn wir lachen, zu Tränen gerührt sind oder zu einer neuen Einsicht gebracht werden.

Kunst kann einen ratlosen Menschen aufwühlen, und er begreift auf einmal, was er in seinem Leben versäumt hat oder dringend ändern muss.

Kunst kann auch leicht verständlich sein, von zauberhafter Einfachheit, dass die Seele mitsingt und der Kopf das Angebot umgehend versteht. Es spricht aber nicht gegen sie, wenn sie uns Arbeit macht, uns umtreibt, scheucht, wenn sie gegen uns antritt.

Ich kenne das. Obwohl ich die Handlung leicht verstand, habe ich mir im Deutschen Theater den »Drachen« achtmal angesehen, und jedes Mal mit der gleichen Faszination. Ich wollte es wieder haben, dieses Gefühl, mir werde da neben den leicht verständlichen Gefühlen, die zur Stellungnahme verpflichten, eine Arbeit mitgegeben, die ich irgendwann verstehen werde.

Vielleicht wurde der Gedanke im Lauf der Zeit weniger bedrängend, wenngleich ich ihn nicht vergessen habe.

Es gab Veränderungen, das Unterste wurde nach oben gekehrt, wir rannten mit, um zu begreifen, was da passierte und was es mit uns macht.

Nach Siegen sah es nicht aus, weder nach kleinen noch nach bedeutenden. Man konnte es sich leichter machen, musste nicht überall mitrennen, wo Zustimmung oder Ablehnung sich meldeten.

Nicht überall, nein.

Aber der Palast der Republik stand noch und für mich war er ein Ort schöner Erinnerungen. Für das kleine Theater, auch Treppenabsatz genannt, hatte ich Programme geschrieben und stand mit den Schauspielern auf der Bühne, hier haben wir getagt und verhandelt, hier haben wir internationale Künstler gefeiert, lief Jürgen Walter über das Seil, hier gab es Buchbasare und einmal, ich erinnere mich, eine Hochzeit.

Von meinem Balkon aus konnte ich das Haus sehen, lange Jahre, bevor ihm ein großer Sack übergestülpt wurde und wir für möglich hielten, dass sie auch das Ende beschließen würden: weil die Volkskammer darin getagt hat, aber so würden die Sieger es nicht begründen.

War alles zu spät? Wir waren immer nur ein Häuflein, wenn wir am Samstag dort eintrafen, um zu zeigen wenigstens das, zu zeigen, dass wir diesen Bau als unser Eigentum betrachten und dass es sich nicht um Siegerbeute handelt. Wir standen dort herum, und meistens hat es geregnet, und sehr hässliche Bemerkungen gab es auch. Dort, nach so langer Zeit, habe ich auf einmal verstanden, was Lanzelot mir aufgetragen hat. Bleib stehn, antworte nicht, hier ist kein Sieg zu erwarten – aber du kannst zeigen, was du denkst, und vielleicht findest du ein Wort oder ein Lied dafür.

Der Verlust bleibt sehr lebendig – ich war nie wieder dort und stand auch vor dem neuen Prachtbau nebenan noch nie herum.

Der Augenblick

Es war, als er sagte: »Ihr hättet mich aus der Hand geben müssen. Ich habe alles verloren, weswegen ihr mich geliebt und nicht aufgegeben habt. Und ihr tut es immer noch nicht.«

»Das war Liebe, und ein Versuch, zu danken.«

»Es ist euch zu viel. Sieh dich an.«

»Das tue ich. Und tauche auf. Es gibt mich wieder, ich denke auch an mich.«

»Ja«, sagt er, »aber das wird nicht reichen.«

»Die ältesten Tannen klopfen an mein Herz, lassen sich prüfen.«

»Welche«, sagt er. »Ich habe die nicht gekannt, dir also nie geholfen, sie zu schützen, auch nur einen. Ich hätte dazu gar keine Lust gehabt. Wolltest du nicht manchmal ausreißen oder -reisen«, hat er gefragt.

»Nein. Aber manchmal allein sein, loslassen, das dürfen, ohne schlechtes Gewissen, einen Gedanken arbeiten lassen, statt ihn als Anfechtung mitzuschleppen.«

»Ein ganzes Jahrzehnt«, hat er gesagt. »Hast du in diesen Jahren nicht manchmal gedacht, du möchtest wieder einmal dein eigenes Leben, damit rumschmeißen, und es einfach nur machen?«

»Ich habe es sogar gehofft, wollte es irgendwann spüren, als Kraft für mich. Aber ich war nicht so weit. Ich konnte dich nicht loslassen.«

»Ich hatte Angst, dich mitzureißen«, sagt er.

»Nicht immer«, sage ich. »Manchmal hattest du kaum

noch Angst. Nicht um dich, nicht um mich. Du gibst mir Zeichen, umgibst mich. Ich rede mit dir und nach vier Jahrzehnten des Zusammenlebens weiß ich deine Antwort. Ich frage dich, und du stimmst zu – oder nicht.«

Er sagt: »Was wir da austragen, war ein Risiko. Unsere Familie hätte zerbrechen können. Es blieb uns nichts Heiles.«

Ich sage: »Was ging uns verloren, und was hat seine zweite Chance verdient?«

Er fragt: »Ich will wissen, was dich diese Risiken gekostet haben.«

Wann darf man eine Gemeinschaft, Familie genannt, aufgeben?

Wann überhaupt diese Frage stellen?

»Wenn die Gefühle erkalten und die Opfer für alle zu groß sind.«

Wer von uns beiden hat das jetzt gesagt?

Er fragt: »Aber in den Jahren meiner Krankheit hast du doch bestimmt manchmal gedacht, du willst dein Leben wiederhaben.«

»Welches? Das ohne dich? Das wollte ich nicht wiederhaben. Ich konnte dich nicht loslassen.«

»Du wirst es lernen müssen.«

Ich sage: »Warum? Wir beide waren am Anfang ein Risiko, einer für den andern. Was hat sich geändert? Ich habe dich unterwegs manchmal nicht verstanden, ganz anders als im Moment. Es war Liebe, und Dank war es auch.«

»Das reicht nicht. Sieh dich an!«

»Das ist deine Aufgabe, nicht meine. Du hattest früher wunderbare ewig lange Blicke. Versuchs mal. Vielleicht gucke ich zurück.«

»Das fehlte mir noch.«

»Sag ich doch.«

Mein Heim ist kein Castle

Das Haus, in dem wir wohnen, war schon unser Haus, als es erdacht, aber noch nicht gebaut war. Wir haben die Baustelle kaum aus den Augen gelassen. Es versprach rettende Unterschiede zur alten Wohnung. Die war geräumig, in ihr standen Möbel aus vergangener Epoche, große Gemälde hingen an den Wänden, es gab geliebte uralte Teile.

Nicht die Etagenheizung, die war kaputt. So mussten Kohlen und Asche geschleppt werden, und an modernen Geräten gab es nur den Kühlschrank ohne Schubfächer, die waren mit in den Westen gereist. Eine funktionierende Waschmaschine hatten wir vorher auch noch nicht gehabt. Es gab eine großzügige Speisekammer und eine Hintertreppe, auf der man heimlich nach oben gelangen konnte. Romantisch für die pubertierenden Mädchen, die gern bei uns aßen, sangen, schrieben oder ihre ersten schwierigen Beziehungen beklagten.

Damals wussten wir noch nicht, dass es abdichtende Viererfenster gibt.

Vorher waren wir Tag und Nacht dem Lärm dieser Allee ausgesetzt. »Lärmschäden sind nicht heilbar«, sagte der alte Sanitätsrat.

Wir sind gern in die kleinere Wohnung in der Leipziger Straße gezogen und haben »unsere Baustelle« vorher oft abends besucht, enttäuscht, wenn die Arbeiter wieder zu Wichtigerem abgezogen wurden, glücklich in der Erwartung, nein, eigentlich Sicherheit für den nötigen Ausweg.

Die Stille in der ersten Nacht unter einem ganzen Himmel zum Angucken für mich allein war auch trügerisch, nein! Es gab kein Wunder an Chancen für die Träume von vorher. Aber Raum und Ruhe, Platz für die Enkelin, die sich einzurichten wusste, das gab es, und es stand an der Spitze unserer Vorhaben. Es war hier, wo wir uns als Nachbarn, ohne spontane Besuche, behilflich waren, und das nicht zu oft brauchten. Wilhelm war gelernter Zimmermann und konnte sich austoben, bauen und abreißen und versorgen. Es war mir oft zu viel, aber er war glücklich mit all seinem Gebauten und den vielen Schwalben, und dass die Wohnung über Jahre eine Baustelle war, das ließ er sich nie ungut auslegen. Wie? Durch ständiges Gelingen und durch eine wetterfeste ausgestrahlte Freude. Hier haben wir vor dem Haus eine Sonne auf den grauen Pflasterstein gemalt, hier hat Frank nach einem Weihnachtslied gefragt, hier hat der junge Herr Michaelis mir eine Aufnahme in die Hand gedrückt, und als er fortging, wusste ich nicht, was daraus wird.

Hier gab es kein Hausbuch, in dem wie andern Ortes eingetragen werden sollte, wer welchen Besuch hatte.

Keine Zeit unseres getrennten oder gemeinsamen Lebens hat uns je so viel Raum für Ideen ermöglicht, nirgendwo waren wir freier.

Das Lied vom einfachen Frieden entstand, weil ich dem Bundeskanzler Schmidt nicht glaubte, dass wir mit all den neuen Raketen noch sicherer sind als vorher.

Hier war es. Hier habe ich zu früh gegangene Freunde zum letzten Mal gesehen. Andere zum ersten Mal zu Gast gehabt.

Zwischen den Rollkoffern, die ankommen und entfernt werden, zwischen all den Mietern, 189 Familien in einem

Haus, aus Einziehenden und Wegziehern bilden sich immer mal wieder laue Häuflein, die demnächst erkennbare Mitbewohner sein werden.

Nur einmal hat sich der Fahrstuhl nach unten geöffnet, Papa und Piepel guckten uns an und der Junge sagte: »Wir fahrn nicht mit Frauen im Fahrstuhl.« Hatten die Angst vor uns? Angst, könnte ich ihnen aus sehr langer Erfahrung sagen, Angst ist ein ganz schlechter Ratgeber.

Mitten im Frieden

Wir tun alles, was möglich ist. Folgen den Einladungen, bereiten uns vor, steigen nach langer Fahrt aus, bringen uns irgendwie von den Gedanken und Besorgnissen wegen Zuhause in den angenehmen Zustand der Vorfreude auf die Leute.

Unterwegs haben wir Wilhelm angerufen, der wie immer seinen ausbleibenden Anteil an der Arbeit bedauert, aber sofort nach der Zahl auf dem letzten Kilometerstein fragt. Wir haben sie uns aufgeschrieben, die Frage erwartend. Er sagt uns, wie wir hätten fahren müssen und ist zufrieden, dass wir nicht anders gefahren sind.

Auf dem Rückweg erwartet er die Auskunft über den Abend und mindestens zwei Steinzahlen. Dann kann er uns jeweils genau sagen, wo wir gerade sind und wie wir unser Leben bis zur Ankunft gestalten sollen.

Ich mag das nicht, möchte über die Leute nachdenken, vielleicht etwas aufschreiben oder den Mund halten. Das weiß er.

Als er mich noch fuhr, reichte er mir gleich nach dem Start einen Stift, holte ein leeres Büchlein aus der Seitentasche und schwieg dann. Nach einem Stück des Weges fing ich an, einer inneren Melodie zu lauschen, Wörter mischten sich ein und so entstanden Ideen – und Lieder.

Die gibt es noch.

Heute versucht er mir zu erklären, dass er außer seinem besten Freund keinen Arzt mehr sehen will, er wird sich auch nach keinem richten und selber entscheiden, was ihm hilft. Er setzt gerade an, auch die Pflegenden als lästig auszugeben, aber da gehe ich nicht mit.

Mein Respekt und meine Sympathie für diese schwere Arbeit, und jeder von ihnen ist eine Persönlichkeit, eher Freundin oder Freund als Pflegekraft.

Es wird ihnen sicher schwerfallen, zu verstehen, dass jemand es lästig findet, verwöhnt zu werden. Wir trinken zusammen Kaffee oder Tee, es gibt immer frische Schrippen und dabei erzählt einer manchmal auf die Schnelle, was ihn bedrückt. Ich will das hören: Über die Zustände bei ihm zuhause. Er weiß nicht, ob er bleiben darf. Und der Jüngere, der schlanke, ehrliche, selber in harten Konflikten steckende, ist der einzige, der die Kraft hat, Wilhelm ins Bad zu transportieren und ihn so lange zu duschen, bis es »aber nun wirklich reicht«.

Am Abend kommt die zukünftige Freundin, die mit mir das Leben in die Nähe von Ruhe und Arbeit bringen wird. Das ist aber weit voraus gedacht. Zunächst werden wir unsere Zeit in einer Spezialklinik verbringen, wo jeder Tag für ihn ein verlorener ist. Es wird Juni sein, sein Geburtsmonat, und wir werden an Grenzen kommen. Das müssen wir nicht abwarten, denn wie immer versteht er, weiß er und versucht, seine Langeweile nicht mehr an uns auszulassen; die Psychologin fragt, warum ich ihn so verwöhne.

Ich rede ihr das aus, denn es stimmt so nicht. Dunkle Stimmungen hat jeder sensible Mensch. Aber er war leicht an solchem finsteren Ort abzuholen, dazu reichte es, ihn eine Minute zu interessieren, und das konnte ich mit einem Zitat aus dem ND, aus dem »Spiegel« ...

Er war wie ein erlöstes Kind, als seine Zeit dort abgelaufen war, endlich.

Zuhause suchte er nach seinen vertrauten Dingen, und ich ließ noch etwas Zeit vergehen, ehe ich ihm eine wichtige Frage stellte: »Was willst du?« Er sagte: »Ich will Frieden« – »Den Weltfrieden? Der ist nicht zu haben.«

»Ich will meinen Frieden.« Ich habe verstanden, was er wollte, aber vor allem, was er nicht mehr wollte. Er wollte keinen Arzt mehr sehen, nur noch den im weißen Kittel, seinen besten Freund. Also keinen rumstotternden Mann, Fachmann, der ihm Zeug erzählte, an das er selber nicht glaubte. »Sie sind doch so gebildet, Sie wollen doch ganz bestimmt ein großer alter Mann werden, ein Beispiel für Schwachmaten.« Das hat einer gesagt, aber dann, sicher auch überfordert, am Ende der Fragen, die keiner beantworten konnte, der Satz: »Ich kann Ihnen doch sowieso nicht helfen, egal, ob Sie kommen oder nicht.«

Ich stand daneben, habe das gehört, und obwohl ich noch keinen Plan für danach hatte, gingen wir nie wieder in seine Praxis.

Welchen Frieden? Seine Antwort: »Wir beide und Ruhe. Hört auf, mich andauernd zu belästigen – mit euren Rezepten und Vorschlägen.«

Früher, an einem fernen Abend, habe ich gesagt, es wäre Zeit, mal die Tapete zu wechseln. Wir fahren ein paar Tage weg, raus aus Berlin, an irgendeinen See. Laura fährt uns, und dann kann sie das größere Auto benutzen, bis sie uns wieder abholt.

Er hat gesagt: Prima Idee! Denk mal daran, wie ich da oben Eis aus dem Kübel in einem Bus gegessen habe, und nachts musste ich ins Krankenhaus. Sie haben auf Herzinfarkt getippt. Ich sollte isoliert werden, weil sie mit mir nicht umgehen wollten.

Ich sagte: Ja, Drama Nr. 29. Ich bin in die Apotheke gegangen, da war ein unvergesslich netter alter Herr, der hat sich als Studienfreund von Deinem Doktor rausgestellt. Und ihn sogar angerufen, weil ich die Nummer dabei hatte. Mit seinen Tabletten durfte ich dich doch rausholen, Drama beendet.

Erst einmal sind wir nachhause gefahren. Wilhelm, an dir konnte ich beobachten, dass es eine Art innerer Sicherheit gibt, die man eben nie nachahmen kann. Eine Kindheit lang hatte jeder, den du mitgebracht hast, volles Hausrecht. Schön für ein Kind. Bravo!

Habe ich das jetzt eben gesagt? Über meine Schwiegermutter, die mich »babylonische Hure« nannte und mich später über den grünen Klee lobte, mich heilig sprach, nur weil wir beide Kinder liebten, und sie glücklich war, weil sie in unserer Frauenzeitung ein Gedicht von mir zugesteckt bekam und zwei Schlusszeilen veränderten alles: »Liebe komm her / und Kindlein schlaf ein ...« Das kann nur ein guter Mensch schreiben, sagte sie, und dann meinte sie noch, dass ihr Sohn, der, so meinte sie, ein bisschen verwöhnt war, weil der Opa ihn doch ... jaja ...

> Ein Frosch, wenn ich wär
> Heuschreck, Haubentaucher
> Da möcht man sich um mich kümmern
> dass ich nicht aussterb'
> aber Weiber gibt's ja noch genug

*»Nicht Schwarz und Weiß, sondern
die Grautöne in feinsten Nuancen ...«*

Gisela Steineckert
Eines schönen Tages
Erinnerungen

224 Seiten
gebunden
14,99 €
ISBN 978-3-355-01846-3

Eines schönen Tages ... So beginnen Geschichten, Erinnerungen. In Gisela Steineckerts Buch sind es Geschichten über Freunde, Kollegen, Wegbegleiter, sind es Erinnerungen an Begegnungen. Manche war prägend: die junge Autorin im Gespräch mit dem Altmeister Arnold Zweig etwa. Oder ein Stück gemeinsamen Weges mit der Schriftstellerin Irmtraud Morgner in jener Zeit, als Frauen einen neuen Ton in die Literatur einbrachten. Die Freundschaft mit Peter Edel, dem Holocaustüberlebenden und Mahner. Begegnungen, die zu eigener Positionierung führten und noch im Abstand von Jahren Impulse geben, Zeit und Leben am Blick des anderen messen.

Liebe leben, Liebe sagen – Eine Adresse an den Mann mit dem Absender Frau

Gisela Steineckert
Liebesgedichte

128 Seiten
gebunden
12,90 €
ISBN 978-3-355-01756-5

Dass Liebe lebensnotwendig ist, wer weiß es nicht? Dass sich sterbenselend fühlt, wer sie verliert, wer hätte es nicht erfahren? Dass unter dem Wort Liebe das ganze Leben zu retten oder in Frage zu stellen ist, wer will es bezweifeln? Gisela Steineckert findet in ihren Liebesgedichten intensive Worte für dieses allumfassende Gefühl und seine hellen wie dunklen Schattierungen. »Liebe kann ein Heimweg sein oder in Welten führen, die man besser nicht gesehen oder wenigstens früher verlassen hätte. In der Liebe liegen uns die richtigen Worte auf der Zunge, aber einen Augenblick zu spät heißt, eine Ewigkeit vertun. Wenn wir am Ende unseres Lebens zählen, was gezählt hat, dann war in allem Liebe, und ohne Liebe war alles nichts.«

Verlag Neues Leben –
eine Marke der Eulenspiegel Verlagsgruppe Buchverlage

ISBN 978-3-355-01899-9

1. Auflage 2021

Umschlaggestaltung: Verlag, Peter Tiefmann
Printed in EU

www.eulenspiegel.com